产权、制度与会计变迁

曹 越 伍中信 著

中国财经出版传媒集团
中国财政经济出版社

图书在版编目（CIP）数据

产权、制度与会计变迁/曹越，伍中信著.—北京：中国财政经济出版社，2016.12

ISBN 978-7-5095-7053-1

Ⅰ.①产…　Ⅱ.①曹…②伍…　Ⅲ.①产权-会计分析-研究　Ⅳ.①F014.1

中国版本图书馆CIP数据核字（2016）第265175号

责任编辑：李　磊　　　　责任校对：胡永立
封面设计：智点创意　　　版式设计：兰　波

中国财政经济出版社 出版

URL：http://ckfz.cfeph.cn

E-mail：ckfz@cfeph.cn

社址：北京市海淀区阜成路甲28号　邮政编码：100142

营销中心电话：88190406

天猫网店：中国财政经济出版社旗舰店

网址：https://zgczjjcbs.tmall.com

北京厚诚则铭印刷科技有限公司印刷　各地新华书店经销

787×960毫米　16开　13.5印张　200 000字

2016年12月第1版　2016年12月北京第1次印刷

定价：40.00元

ISBN 978-7-5095-7053-1/F·5647

（图书出现印装问题，本社负责调换）

本社质量投诉电话：010-88190744

打击盗版举报热线：010-88190492，QQ：634579818

自　序

《产权、制度与会计变迁》一书是我们十一年来潜心研究产权与会计问题后奉献给读者的一部论文集，较为清晰地勾画了这段期间自己的学术轨迹。

产权是经济学和法学的共生概念，也是两门学科的核心。经济学中的资源配置，本质上是一种产权配置；法学中对“财产权”的界定与救济措施，本质上是对产权的界定与保护。产权规则是良序市场经济运行的基础。中国的市场化改革实际上是一场产权变革。自人类进入有产社会以来，对产权的界定与保护一直是贯穿人类进化史和文明史的核心议题。能否准确界定产权和有效保护产权也是国家兴衰的根源。会计对产权的贡献与生俱来，并一直成为产权思想的忠实随从，其产生、发展和变更的根本使命是：体现产权结构、反映产权关系、维护产权意志。

针对产权与会计问题的研究，西方学者仍处于萌芽状态，这根源于西方社会的“私有产权”界定相对清晰、保护较为有效，产权改革问题并不突出，学者侧重从契约层面研究会计理论与实务问题。20 世纪 90 年代以来，伴随着中国从计划经济体制到市场经济体制过渡这一“人类最伟大的改革”，我国学者运用产权理论剖析了会计基本理论与方法问题，形成了独具特色的会计学产权学派。

在内容安排上，本书形成了如下六个模块：第一个模块回顾和展望了产权范式的会计研究，接着从历史的维度考察了人类产权与会计的起源及相关性问题；第二个模块从产权理论层面剖析了现代会计理论的产权基础、二元计量与会计稳健性、审计信息真实性以及剩余公司治理问题；第三个模块运用产权保护理论讨论了公允价值与会计改革以及会计改革成效测度标准问题；第四个模块运用产权保护理论分析了会计制度变迁、准则趋同、二元准则与适应性效率问题；第五个模块讨论了两大法系会计法律制度的架构、特征与适应性效率以及会计法律制度体系优化问题；第六个模块涉及公共财政建设中政府会计改革重大问题、二元结构政府会计概念框架以及政府内部控制问题。

整体而言，全书贯穿“产权保护”思想，运用“产权分析法”较为系统地讨论了当前会计理论与实践领域值得关注的问题。会计学与产权经济学的互动研究值得我们关注。诺贝尔经济学家科斯（1937）曾指出，作为面向真实世界的经济学家，运用产权理论和交易费用理论来解释企业理论中的计量问题显得尤为重要，希望经济学、企业理论与会计学之间的互动研究成为未来30年乃至更长期间的研究潮流。阿尔钦（1967）指出，本质上，经济学是研究稀缺资源的产权，一个社会中的稀缺资源分配就是对使用资源权利的安排；经济学问题，也就是价格如何被决定的问题，其实就是产权应该如何界定与交换以及应采取何种形式的问题。诺贝尔经济学家德姆塞茨（1967）强调，当一种交易在市场中议定时，就发生了两束权利的交换；权利束常常附着在一种有形的物品或服务上，但是，正是权利的价值决定了所交换的物品的价值。以产权理论为核心的新制度经济学不仅自身具有很强的理论魅力，而且对中国的具体问题和过渡过程的问题有着很强的解释力和指导意义（盛洪，1993）。会计和审计都是产权结构变化的产物，是为监督企业契约签订和执行而产生的（Watts & Zimmerman，1983）。会计对产权的贡献是与生俱来的，并一直成为产权思想的忠实随从；其产生、发展和变更的根本使命是：体现产权结构，反映产权关系，维护产权意志（伍中信，1998）。自从产生了私有财产，私有财产的占有者便开始寻找维护私有财产的路径，由此产权思想也便成为支配社会经济发展的重要思想，并且成为一种具有持久性重要影响的思想。从今往后在产权思想促进之下所产生的产权理论与规则，对会计的发展便产生了决定性影响：一方面它促进着会计理论与方法的发展变化，另一方面它使会计以维护与保障产权为工作中的既定目标，在会计方面的法律制度的构建中，无论发生何种变化都从始至终必然以维护和保障产权作为它所要规范与解决的核心问题（郭道扬，2004）。可见，会计理论需要学者去挖掘，形成具有“中国气派”的会计理论体系是我国会计学者不可推卸的责任。希望本书的探索在中国会计学产权学派的传承和拓展上有所增益！

曹越　伍中信

2016年12月于长沙岳麓山下

内容摘要

会计与产权有着紧密的联系，两者在发展的过程中相互交叉、渗透而共同进步。产权理论提供了剖析会计理论的新视角，会计理论有助于弥补产权理论本身的缺陷。产权与会计的高度耦合是产权会计学派诞生的根本原因；产权会计对传统会计理论具有重大开拓性；产权分析法研究范式顺应了会计变革的内在要求。

产权思想形成于外部性内部化过程之中。会计思想和行为滥觞于“排他性公有产权”之时（原始社会中晚期），发展于“国有产权”时期（奴隶社会和封建社会），鼎盛于“私有产权”时期（资本主义社会）。会计作为一种微观计量机制，在维护产权权能、实现产权利益和外部性内部化过程中处于最基础、最重要和最具操作性的地位。外部性内部化的过程，既是产权的缘起过程，也是会计（思想和行为）产生和发展的过程。外部性内部化的“结果”产生了“产权”，而外部性内部化的“过程”则催生了“会计”。“产权”与“会计”的关系是“结果”与“过程”的关系。外部性内部化是产权与会计缘起的联结点。会计对外部性内部化的贡献与生俱来：会计的本质是外部性内部化，会计的目标是内部化外部性，会计的职能是界定财权和保护财权，会计的对象是财权流。会计是以货币为主要量度，依据公认标准来界定财权（产权）和保护财权（产权）以内部化外部性的微观计量系统。会计作为一种微观计量机制，在维护产权权能、实现产权利益和内部化外部性过程中处于最基础、最重要和最具操作性的地位。

会计在市场经济的良序运行中处于基础性地位。产权保护的有效性依赖于会计计量财产权利的准确性。现代市场经济中实体产权和虚拟产权并存的“二元”产权结构决定了“历史成本与公允价值”二元会计计量模式的形成。实体产权经济的最佳计量基础是历史成本，虚拟产权经济的最佳计量基础是公允价值。会计稳健性包括非条件稳健性和条件稳健性：前者适用于实体产权，与公允价值计量相背离；后者适用于实体产权和部分虚拟产权，与公允价值计量相契合。就计量基础而言，历史成本与会计稳健性相契合，公允价值与非条件稳健性相背离但与条件稳健性相契合。

对外报告的会计信息真实性依赖于会计信息生产过程真实性和外部审计监督有效性，本书通过构建“三域”秩序新分析范式讨论了审计信息真实性。审计信息真实性的内涵应定位于结果理性与程序理性的融合。审计信息失真包括先天性失真和现实性失真两个方面：一是“审计域秩序”对“产权域秩序”的偏离是审计信息先天性失真的根本原因；二是审计现实性失真存在“三分法”，其中审计制度对“审计域秩序”的偏离引致的规则性失真是审计信息现实性失真的主要根源。同时，本书提出了审计信息失真的“分而治之”策略。现实世界中的正交易费用引致了合同的不完全，催生了产权优化的客观需求。产权优化的终极目标是准确界定各产权主体的责、权、利关系，并随着客观环境的不断变化及时地加以调整以达到动态优化，从而提高企业效率，关键是维持“产权域秩序”，主旨是产权保护，尤其是对“弱势产权”的保护。会计具有微观层面界定产权和保护产权的功能，界定产权是为了保护产权。市场、企业和法律作为界定产权的方式必须以会计为微观基础。会计从微观层面为企业产权优化奠定了坚实的计量基础。产权优化的集中领域是剩余产权及剩余公司治理。

会计在界定和保护利益相关者产权及保障市场经济有序和有效运转中的作用都是基础性的、不可替代的。产权保护导向的市场化改革必然要求产权保护导向的会计改革与之步调一致。产权、公允价值与会计之间有着紧密的联系：追求价值计量是会计产生、发展和变革的内在诉求；价值计量实现了公允价值与产权会计的对接，是会计发挥界定产权和保护产权功能的坚实基础；公允价值计量基础是价值计量基础的最佳实现形式，是理想与现实的最佳耦合。运用产权保护理论，本书反思了以“会计信息价值相关性是否提高”为标准度量会计改革成效的合理性，认为在新兴市场经济国家资本市场不完善的情况下，仅仅通过检验会计信息价值相关性是否提高来评判会计改革成效是不完整的。通过考察会计学收益、综合收益和经济学收益的内涵及其关系，坚持“结果理性”与“程序理性”的融合，本书论证了适合新兴市场经济国家的会计改革成效测度标准是“会计收益回归综合收益和经济收益”，并给出了具体的度量方法和判断标准。

现代会计具有产权保护功能，会计公共领域涵盖秩序层面和制度层面两个维度，分别成为会计信息先天性失真和规则性失真的根源。经济史中的会计制度经历了从“法律遵从型”到“金融预期型”的变迁过程，旨在一体化保护实体产权和虚拟产权。会计制度变迁的根本原因是会计制度偏离会计域秩序引致的公共领域，变迁的内在逻辑是：会计习惯→会计习俗→会计惯例→会计社会规范→会计制度。有效的会计制度应遵从有效的产权法律制度，从而实现两者的同步变迁。会计准则国际趋同的产权基础是依据会计国际惯例来准确界定产权、等价交换产权和有效保护产权。本书介绍了我国企业会计准则国际趋同的最新进展，从信息透明度、海外融资、会计人才与反倾销调查维度分析了准则趋同的正经济后果，从法律制度维度讨论了准则趋同的负经济后果，建议通过推行“三重”列报、积极参与国际财务报告准则制定、与国际会计准则理事会建立多层次沟通机制来推进持续全面趋同战略稳步实施。为了获取准则变迁收益，降低准则执行成本，提高准则的适应性效率，中国基于“分立法”理念建立了适用于大中型企业的《企业会计准则》和小企业的《小企业会计准则》，形成了“二元”结构会计准则体系。本书分析了“二元”结构准则之间存在的主要差异，讨论了“二元”结构准则体系的适应性效率问题。

会计法律制度体系是市场经济中的基础性产权保护制度安排。英美会计法律制度体系的主体内容由宪法、财产法、合同法、侵权行为法、继承法、公司法和破产法中有关财产权利的质的规定性与量的规定性以及会计准则构成；大陆法系会计法律制度体系主要由宪法、民法、商法、公司法和税法构成。与大陆法系会计法律制度相比，英美法系会计法律制度具有更高的适应性效率。运用 SSP 模型，本书论证了大陆模式是中国建立良序市场经济的必然选择，并设计了涵盖五个层级的中国会计法律制度框架体系。会计法律制度体系优化主要针对大陆法系国家，旨在实现对“产权”的一体化和基础性控制，提高适应性效率；优化路径是：若坚持“本土特色”，最优选择是“先制定或修订法律制度条款，同时启动单独制定或修订补充会计制度条款程序”，次优选择是“先对新经济业务规定应急临时会计处理条款，同时启动会计制度与法律制度的同步修改程序”；若坚持“国际趋同”，应选择以趋同后的新会计制度为基点，当会计制度属于正当会计行为规则时，须逐步渐进补充（兼容或未规定时）或修订（冲突时）法律制度条款，反之则建议采用“附注披露”或“三重列报”方式为法律制度体系运行提供基础数据源。据此，本书提出了中国会计法律制度体系优化实施方案。

政府收支分类改革、编制部门预算、国库集中支付制度和政府采购制度都是公共财政建设的重大举措。本书探讨了各项具体措施隐喻的会计涵义。在此基础上，结合公共财政建设的时代背景，从政府会计目标、政府会计适用范围与核算对象、政府会计主体、政府会计核算基础和政府财务报告五个方面阐释了政府会计亟待改革的具体内容。我国理论界已达成“政府会计由预算会计和财务会计两大相对独立的系统构成”的新共识。政府会计二元结构格局的形成决定了我们迫切需要运用二元结构思维重新考究政府会计概念框架的构建，以指引即将展开的政府会计改革。本书运用二元结构新理念，系统讨论了政府会计目标、政府会计核算对象与适用范围、政府会计主体、政府会计信息质量特征、政府会计核算基础与计量属性、政府会计要素、政府财务报告等概念框架理论及其表现形式问题。创建一套内部控制框架使得政策制定者有效执行“保护人们财产权利”的理念是政府内部控制的产权基础。政府内部控制的目标须合理保证国家资源分配公平公正、国家财政资金使用安全及公共服务的高效率和好效果。政府内部控制包括内部环境、风险评估、控制活动、信息与沟通和内部监督五个要素，其实施机制涉及完善内部审计、加强外部监督和加快政府会计准则建设三个方面。

Abstract

There is a close relation between accounting and property rights. During their developments, they have made great progress by way of mutual influence. Above all, property rights theory provides a new perspective on analyzing accounting theory, which also is good to making up for shortcomings of property rights theory. Then, the unanimity between them is a fundamental reason for developing Property Rights Accounting. In addition, Property Rights Accounting has important pioneering spirits compared with traditional accounting. Moreover, the research pattern of property rights analysis is adapted to the requirement of accounting reform.

Property right was formed in the process of internalization of externalities. Accounting thoughts and actions birthed in the "exclusive public property rights" period (late primitive societies), developed in the "state property (state ownership) period" (slave and feudal society), and peaked in the "private property" period (capitalist). Moreover, the process of externalities internalization is not only the origin of property rights, but also the origin and development of accounting thoughts and behaviors. The outcome of externalities internalization results in property rights, however, the process of externalities internalization results in accounting. In essence, the relationship between property rights and accounting is the relationship between results and processes.

As a micro-measuring system, accounting plays a most basic, most important and most workable role in the process of protecting property rights, realizing property rights benefits and internalizing externalities. The outcome of externalities internalization results in property rights, however, the process of externalities internalization results in accounting. Moreover, accounting for the contribution to the internalization of externalities is inherent. The essence of accounting is the internalization of externalities, the objective of accounting is to internalize externalities, the functions of accounting are defining & protecting financial rights, and the object of accounting is financial rights. Accounting is a measuring system of internalizing externalities by way of defining & protecting property rights with GAAP based on the currency as the main measuring pattern.

Accounting plays a basic role in the orderly running of market economy. The effectiveness of property rights protection depends on the accuracy of accounting measurement. In the modern market economy, "property dualism" including entity property rights economy and fictitious property rights economy determines "accounting measurement bases dualism" which contains the historical cost measurement (HCM) bases and the fair value measurement (FVM) bases. It argues that the best protection way for entity property rights economy is historical cost measurement bases, while the best protection way for fictitious property rights economy is fair value measurement bases. Accounting conservatism can be categorized as two forms: conditional conservatism and unconditional conservatism. The former applies to the entity property rights and it's contrary to FVM. However, the latter applies to entity property rights and part of fictitious property right and fit with FVM. As for the measurement bases, History cost and accounting conservatism are connected. Fair value is reversely connected with unconditional conservatism while linked with conditional conservatism.

This book considers that reality of auditing information is the combination of rationality of outcome and procedural rationality. Then, it constructs a "Property Rights District" concept and the "Three Districts" mechanism as a new analysis way. We find that auditing information distortion includes two sides: innate distortion and real distortion. Above all, the variation between audit district order and property rights order is basic cause of innate distortion. In addition, there are three divisions about real auditing information distortion.

Among them, the difference between auditing standards and audit district order, which makes auditing information unreal caused by rules, is a major cause of real auditing information distortion. Last but not least, in order to govern auditing information distortion, we put forward different methods matching different causes.

Positive transaction cost in our real world leads to incomplete contracts and needs property rights protection. The core of protecting property rights is defining property rights correctly. Accounting has the function of deciding and defending property rights in microcosmic level. However, defining property rights function of law in macrocosmic level should base on accounting. The essence of property rights protection is preserving "Property Rights District Order". Moreover, the way of how to preserve "Property Rights District Order" is property rights optimization, whose object is symmetrical allocation of surplus control rights and residual claim rights under the balance among responsibility, right and obligation. Recently, we should focus on optimization of manpower capital property rights. Enforcing corporate property rights optimization need by virtue of corporate governance, which is good to property rights improvement if betterment. Last but not least, residual property rights and surplus corporate governance is a concentrated district of corporate property rights optimization.

There is a close relationship between fair value, property rights and accounting. Above all, pursuing value measurement is an intrinsic requirement on the origin, development and change of accounting. In addition, value measurement realizes the logical unanimities between fair value and property rights accounting. Moreover, affirming or protecting property rights, and completing accounting's mission require value measurement, which is a sharp weapon. In reality, fair value measurement basis is the best realization of value measurement, and the best of integration with dreams and reality.

This book reflected on the "whether the value relevance of accounting information improved" as the standard measure of the accounting reform effectiveness and proved that judging the accounting reform effectiveness by only testing whether accounting information value relevance increased was incomplete under the emerging and imperfect capital market countries. By examining the content and relation among accounting income, comprehensive income and economic income. This book demonstrated the accounting reform effectiveness's measuring criteria for emerging market economies, which was that accounting income should be close to comprehensive income and economic income, and gave specific measurement methods and judging criteria based on property rights protection view and integration of outcome rationality and procedural rationality.

Modern accounting possesses the function of property rights protection. Accounting public domain covers two dimensions of order level and institutional level, which respectively become the reason of congenital distortion and rule distortion of accounting information. Accounting standards in economic history has changed from the type of "legal compliance" to the type of "financial expectation", which aims at unifying the protection of entity property rights and virtual property rights. Public domain, caused by the deviation of accounting standards from accounting district order, is the fundamental reason of accounting standards changes, whose internal logic is from accounting habits to accounting practices, accounting social norms, and accounting standards. Effective accounting standards should comply with valid legal system of property to realize the synchronous change.

Accounting is the foundation of orderly operation and sustainable development of a country and even the world economy. Protection of property rights is the basic function of modern accounting. Property rights foundations of international convergence of accounting standards are defining property rights precisely, exchanging property rights equivalently and protecting property rights effectively. This book describes the latest progress of international convergence of Chinese Accounting Standards, analyses positive economic consequences of standards convergence from financing from abroad, information transparency, accounting professionals and anti-dumping investigation dimension and discusses the negative economic consequences of standards convergence from the legal system dimension. We propose to promote ongoing and comprehensive convergence strategy implementation from the implementation of the "triple" presentation, active participations in IFRS formulation and the establishment of a multi-level communication mechanism with IASB.

Accounting plays the most basic, most important and most operational role in the process of precisely defining property rights and effectively protecting property rights. In order to obtain income of standards changes, reduce implementation costs and improve adaptive efficiency, China has established CAS for large and medium-sized enterprises and SES for small businesses based on independence concept, which implies the formation of dual structure accounting standards. This book gives a comparison between CAS and SES and discusses their adaptive efficiency problems respectively.

The body of accounting and legal system of the Britain and the United States consists of the constitution, property law, contract law, law of tort, inheritance law, company law, the stipulation of property rights and quantities in the bankruptcy law as well as the accounting standards. The continental law is mainly composed of the constitution, civil law, commercial law, company law and tax law. While the body of accounting and legal system of the Britain and the United States has higher adaptive efficiency by contrast. This book demonstrates that the continental pattern is an inevitable choice for China to establish a well-ordered market economy by using the SSP model, at the same time, designs framework of the Chinese accounting legal system which covers five levels.

Accounting legal institution optimization is designed for civil law system countries. It aims to realize the integration and basic control of "property rights", and to improve the adaptive efficiency of the system. There are two optimization paths as follows: If adhering to the "local characteristic", the optimal choice is to formulate or revise the legal system terms, and initiate a separate formulation or revision of supplement accounting system procedures in the mean time. The suboptimal choice is to provide emergency temporary accounting treatment provisions for new economy business, and start the synchronization modification program of accounting institution and legal system. If adhering to the "international convergence" , the choice should be based on the new accounting system after convergence. When the accounting system belongs to the proper accounting behavior rules, it should be gradually supplemented (compatible or unspecified) or amended (when in conflict). Conversely, it is recommended to take " footnote disclosures" or " triple presentation" as ways to provide basic data source for the legal system operation. Accordingly, this book presents a Chinese accounting institution system optimization implementation plan.

There are some major initiatives about building a public-finance system, such as classification of government revenue and expenditure reforms, the preparation of departmental budgets, centralized treasury payment system and the government procurement system, whose accounting implications were discussed in This book. On this basis, combined with the construction of public finance background, this book explained the specific content of the urgent reform following five aspects: government accounting objectives, scope of government accounting application and accounting objects, government accounting entities, accounting foundation and government financial reporting.

There is a new consensus in theorists that government accounting is constituted of budget accounting and financial accounting by two relatively independent systems. Nowadays, the dual structure pattern of government accounting has already formed, which decides us to need urgently use the dual structure to research the exquisite building of government accounting concept framework in order to direct government accounting reform. In This book, combining with the dual structure, we discuss government accounting objectives, objects and applicable scope, entities, qualitative characteristics of information, accounting basis and measurements, government accounting elements, government financial reports and the expression form of government accounting concept framework.

Creating an internal control framework enables the effective implementation of policy makers idea of protecting people's property rights, which is the basis of property rights within government control. Objectives of government internal control should be reasonably fair distribution of national resources, safely usage of national financial funds and high efficiency and good effect of public services. Government internal control includes five elements, internal environment, risk assessment, control activities, information and communication and internal oversight, and its implementation mechanism involves three aspects, improvement of internal audit, strengthening external oversight and accelerating the construction of government accounting standards.

目　录

第 1 章

产权范式的会计研究：回顾与展望

1.1　基本缘起与发展

会计与产权渊源由来已久，从若即若离到水乳交融可谓历尽沧桑。随着产权社会化程度不断提高，会计的经济管理作用日益凸现，一种产权经济学与会计学融合研究的思想在萌动。真正将会计与产权进行融合研究是 20 世纪 90 年代初的事情，研究历程还很短，但这种研究思潮以其独特的魅力吸纳了众多中青年会计学者。由此，在中国诞生了产权会计理论学派。它是学科交叉与渗透的直接成果。会计和审计都是产权结构变化的产物，是为监督企业契约签订和执行而产生的（Watts and Zimmerman，1983）。产权理论的核心就是研究如何通过界定、变更和安排产权来降低交易费用，提高经济运行效率，从而优化资源配置。但是，交易费用存在配比与计量难题。由于计量是会计的核心，会计天然有助于交易费用配比与计量难题的解决，在界定产权价值，全面、及时、系统地反映和监督产权价值流动方面具有无可比拟的优势；另一方面，产权理论为会计基础理论与实务的剖析提供了全新视角，能够解释现有会计存在的问题并提供其解决思路。会计与产权的这种高度耦合是产权会计学派诞生的根本原因。

从此，会计学与产权经济学之间的互动研究方兴未艾、硕果累累。在国外，利用产权经济学原理来解释与预测会计问题的经典著作当推瓦茨和齐默尔曼的《实证会计理论》(1986) 一书。但国外学者并未明确提出“产权会计”范畴，没有形成相应的理论体系。我国产权会计学者认为，会计对产权的贡献是与生俱来的，并一直成为产权思想的忠实随从；其产生、发展和变更的根本使命是：体现产权结构，反映产权关系，维护产权意志（伍中信，1998）。他们运用产权这把手术刀，以会计为截面，剖析了会计的本质、目标和职能等会计基础理论，诠释了会计核算方法、会计制度变迁的产权动因。刘峰从降低交易费用角度阐释了会计准则的变迁；谢德仁以现代企业理论中的剩余索取权为中心，重点研究其分享安排与剩余计量；杜兴强以契约理论和产权经济学为依托，以博弈论为指导，开创了会计信息产权的动态变动和静态剖析这一独特的研究领域；田昆儒从交易费用和产权制度角度考察了中国会计准则演变及会计信息产权问题等。迄今为止，会计学者已从多角度研究了产权与会计的相关问题，形成了一个较为完整的体系，这种理论创新大大缩短了我国会计与世界发达国家会计研究水平之差距，必将提升我国会计研究的水准与国际地位。

1.2 产权会计对传统会计的重大开拓性

1.2.1 研究范式的重大突破：产权分析法

我国经济体制的转型必然涉及产权利益的重大调整。市场化改革为引入产权分析法创造了前提条件。企业作为市场经济主体是资源配置的一种重要方式。企业产权理论主要研究两方面的问题：一是企业的产权地位或拥有什么产权；二是企业内部的权利安排（黄少安，2004）。前者天然地赋予会计界定产权的职能，后者天然地赋予会计保护产权的职能。如果人们不能获得投资收益，他们将不再投资，因而投资者产权保护是基本的、最重要的（Simon *et al.*, 1999）。产权会计基于企业产权理论，跳出了传统会计就会计论会计，由只关注技术改进的“技术至上主义”过渡到关注会计的经济后果。它立足于所有权的个人主义理论哲学，重视所有权的社会主义理论哲学，以有限理性经济人、资源稀缺性、正交易费用和不完全竞争等为基本假设，借助规范分析与实证分析、微观分析与宏观分析、静态分析与动态分析的原理和方法，综合运用新古典均衡分析、交易分析、委托代理理论和不完全契约理论分析，从“产权效率体制”的三大标准（产权的普遍性、产权的排他性和权利的可转让性）出发，高屋建瓴，透视会计理论与实务。

产权分析方法的关键是要表明产权内容能够以具体的和统计上可预测的方式影响到资源的分配和使用（Furubotn and Pejovich，1972）。而这种产权内容（权能和利益）的具体化恰恰又是会计的专长之所在。会计信息是经济信息的主要组成部分，统计上的预测经常借助于会计信息。产权分析法与会计也是高度耦合的，这种高度耦合是产权会计诞生的重要原因。产权会计以产权分析法作为自己的研究范式，使我们可以透过会计数字来把握产权关系和权利流动，顺应了会计发展变革的需要，是对传统会计研究范式的重大突破与创新。狭义的产权，可视为围绕财产而内化的一系列权利束的总和，包括财产的终极所有权、财产占有权、使用权、收益权和处置权。在现实中，任何经济活动、任何资金运动的背后都隐藏着“产权”的交易和流动，表现为一种“产权流”。运用产权分析法，我们可以从全新的视角触及会计基础理论问题：会计的本质是受托责任论，会计的目标是认定和解除受托责任，会计的对象是“产权流”，会计的职能是界定产权和保护产权，会计制度是一种产权制度等等。

1.2.2 突出会计核心竞争力：强调界定和保护“相对产权”，实施“现代资本保全”战略

新制度经济学认为，绝对产权（Absolute Property）是指特定的个人（权利人）针对所有其他人（责任人）的要求权（Claims）。它主要是指有形物品的所有权。因为有形物品的所有权能够由其所有者排他使用且可以清晰地予以界定。相对产权（Relative Property）是指一个特定的个人（权利人）针对一个或一个以上的其他人（责任人）的要求权（弗鲁博顿和芮切特，2006）。相对产权主要是一种合约责任。它根源于缺乏远见和不对称信息而事前自愿达成的只针对责任人“机会主义行为”的合约性产权。与绝对产权相比，相对产权作为合约性产权具有更大的不确定性而难以清晰界定。企业是绝对产权与相对产权的耦合体。目前，在我国市场经济中，“相对产权”处于弱势地位，属于“弱势产权”。这种“弱势产权”地位导致企业重视实物资产投资而轻视无形资产投资（Claessens and Laeven，2001）。企业所有权是一种状态依存权已

成为共识，现代企业本身也是一种不完全合约。不完全合约是利益相关者共同治理的重要原因（Grandori，2005）。状态依存权逻辑下的利益相关者相机治理机制，凸现了相对产权的重要性。产权包括人与物之间的关系以及人与人之间的关系两个方面。前者主要对应于“绝对产权”，后者主要对应于“相对产权”。因为交易是有成本的，所以产权作为经济问题还从来没有被完全界定过（Y. 巴泽尔，1997）。这种未被完全界定的产权主要是相对产权。“相对产权”的界定和保护对局限于“绝对产权”的传统会计提出了挑战，产权会计通过引入全面的公允价值计量，明确责任人的责、权、利关系，可以比较充分地界定和保护“相对产权”，以发挥产权的激励约束功能，促进经济蓬勃发展。这正是未来会计核心竞争力的根基所在。

产权会计界定产权和保护产权的职能要求对这两种产权等量齐观，它突破了传统会计仅关注“绝对产权”的局限性，并使会计从“传统资本保全”过渡到“现代资本保全”。企业本质上是不完备要素使用权资本化交易契约履行过程，从价值角度可以描述为财务资本、人力资本、组织资本与社会资本的一个不完全契约组合（王仲兵，2005）。我们认为，财务资本属“绝对产权”资本，而人力资本、组织资本和社会资本因具有合约性质而属于“相对产权”资本。会计上资本保全的最终目的是实现各产权主体在财产权利上的博弈均衡，而传统会计资本保全仅局限于“财务资本”，这是一大缺陷。产权会计将资本保全的范畴拓展到财务资本、人力资本、组织资本与社会资本四大板块，关注企业的隐形竞争力，这正是会计核心竞争力的重要内容。

1.2.3 凸显会计控制巨大贡献：产权经济控制

时至今日，经济学、管理学与法学等均已成为现代会计学发展不可或缺的基础。值得注意的是，它们都把注意力集中到产权经济控制方面，这也对会计学提出了规定性要求（郭道扬，2004）。那么，为什么要对产权经济实施控制？在美国，产权尤其是对土地拥有的权利一直是对意志自由和人身自由保护中最基本、最重要的部分（Breemer，2000）。产权经济控制最终还是保护产权。我们认为，产权经济控制的核心就是产权控制，它是通过约束使产权主体间接“享受”产权相对自由，是产权约束功能的内在要求。那么，产权究竟如何控制呢？产权经济学家强调通过法律来界定产权归属进而控制产权。法律控制产权的依据又是什么呢？是经验？是判例抑或惯例？我们认为，法律主要从宏观上界定产权归属进而控制产权，并且容易出现违背自由、公正的法精神，一旦失误就会导致严重的经济与社会后果。而产权会计突出了对“两种产权的关注”并量化为产权份额，以产权份额为依据来界定产权归属将更加准确可靠。它能提供产权的量化信息进而成为产权控制的依据。产权会计对产权控制是微观层次的、基础性的；法律对产权控制是宏观层次的、总括性的，并且为达到公平、正义和效率，法律控制应以产权会计提供的量化信息为基础。

但是，产权控制必须要有制度保障。以 Williamson 和 Hart 为代表的经济学家认为，由于某种程度的有限理性或者交易费用，使得现实中的契约是不完全的。将“交易费用”和“新产权经济学”结合起来考察，可以发现产权对现实中的契约有两大贡献：事前契约的可靠性和契约执行中的灵活性（Merges, 2005）。这表明，产权尤其是不稳定产权也是契约不完全的重要原因。不完全契约表明，不能规定各种或然状态的权责，而主张在自然状态实现后通过再谈判来解决，因此重心就在于对事前的权利（包括再谈判权利）进行机制设计或制度安排（杨瑞龙和聂辉华，2006）。由于契约是不完全的，作为以产权控制为核心的产权经济控制，为减少未来不确定性引致的冲突，在所有权结构方面必须坚持最佳所有权配置原则，即把所有权安排给投资重要的一方或不可或缺的一方。不完全契约理论表明产权制度安排的重要意义。产权经济控制必须依赖产权制度的建立和执行。与两个层次的产权控制相对应：宏观层次的产权控制制度主要是法律制度，微观层次的产权控制制度主要是会计制度。会计制度本质上是一种产权制度，其设计对或然状态出现时的权责界定具有十分重要的意义。因为依据一定的“游戏规则”界定产权而生成的会计信息对产权的交易和流动具有导向作用。这种“导向”一旦错位，就会大大增加经济运行的费用，产权经济控制就“形同虚设”。因此，基于降低交易费用的会计制度变迁将为产权经济控制提供高质量的制度保障。产权会计凸现了会计对产权经济控制的巨大贡献。这种贡献也是与生俱来的，是产权约束功能的内在要求，是由产权保护的根本使命决定的。而传统会计局限于“绝对产权”这种残缺的产权，就会计论会计，难以承担产权经济控制的重任。

1.2.4　透视会计制度变迁根本原因：寻租与交易费用视角

传统会计认为，会计制度可以通过技术上的修补、“堵漏”即可适应经济发展要求，没有必要进行瓦解、重构或重大变迁，这导致会计制度的时滞性问题“雪上加霜”。会计制度是一种集体行动的逻辑，是一种公共选择。公共选择之所以是一个“难题”，就是因为要在公众相互冲突的不同选择中作出一种社会决策（樊纲，1993）。利益集团之间的权力结构不同、社会偏好结构存在差异，决定了公共选择结果的差异，这种差异是客观存在的。那么，由于权力结构的变化和社会偏好的变化，原来公共选择形成的制度就会存在时滞问题，制度变迁就成为必然。

一种制度标准只有同时从现存制度维度和制度变迁维度来把握，才能被充分地理解；在实践中，两个维度应相互作用共同创造新制度（Kontorovich，2005）。如果会计制度所界定的人们利益边界与正当利益边界（产权域秩序①）之间存在很大差距，那么就必然会有一部分利益留在“公共领域”，形成“共有财产”，也就存在“可挤占性租金”，而攫取它需要耗费资源，增加交易成本。从本质上讲，财产不仅仅只代表价值，隐藏在价值背后的是一种内在权利的交易和流动；将资源等同于权利比等同于财产更能突出其内在属性。“共有财产”的存在必然形成共有权利结构。当技术或需求的变化使共同所有的资源比过去价值更高时，共有权利体系中的不稳定性会变得特别突出（Alchian and Demsetz，1973）。在现存会计制度下，只有付出巨大的交易费用，其影响才能度量出来，这就是会计寻租产生的根源。会计寻租会大大提高现存制度运行的交易费用。市场化改革使企业成为拥有独立财权的经济实体。竞争加剧使会计制度“公共领域”中“共有财产”不断“升值”，企业于是打破原共有权利结构的平衡，产生会计寻租行为。会计寻租实质上就是将“共有财产”变为“私有财产”，“共有权利”变为“私有产权”，获取“可挤占性租金”。会计寻租越激烈，表明会计制度对分配性努力或掠夺的激励效应越强烈，会计制度变迁的外在驱动力也就越强。从产权的角度讲，会计制度变迁的根本原因是会计制度对“产权域秩序”的偏离；重要原因是会计制度对“会计域秩

---

① 我们认为，产权域秩序是不同的产权主体以其所投入的资源为依据而对分享产权界区内价值流、权利流份额和比重进行冲突与协调的结果，是产权博弈过程中动态均衡；它从各自的产权份额中体现了产权主体的权、责、利制衡关系，是一种产权安排；它是一种自生自发的秩序，具有动态性。从产权的角度讲，会计制度变迁的根本原因是会计制度对“产权域秩序”的偏离；重要原因是会计制度对“会计域秩序”的偏离；直接原因是现存会计制度不能满足现阶段经济发展的需要。

序[①]”的偏离；直接原因是现存会计制度不能满足现阶段经济发展的需要。这三种原因都会增加交易费用。界定产权和保护产权是现代会计的根本使命。为降低交易费用，要适时变迁会计制度，提高会计制度的效率，缩小“公共领域”，遏制会计寻租。

1.2.5　提供治理虚假会计信息泛滥新策略：“设租”与“寻租”双管齐下

产权也可定义为两种平等所有权之间的权、责、利关系（段毅才，1992）。它强调权、责、利的相互统一。传统会计认为，会计信息虚假原因主要是会计执行人员的责任。如“合谋”、操纵利润“逃税”等。产权会计从权、责、利相对称统一的视角认为，虚假会计信息泛滥的主要责任在于准则制定者在制定准则时就已经“设租”。“设租”是权人利用权力在政府对经济的干预和行政管理活动过程中阻止供给增加，形成某种生产要素的人为的供给弹性不足，造成权人获取非生产性利润的环境和条件（陈裔金，1997）。我们认为，会计“设租”是指准则制定者利用会计准则的制定权，“主宰”会计准则制定，形成模糊的产权界区，从而留下分配性努力获利空间的行为。会计“设租”可分为主观设租和客观设租两类。会计主观设租是指特定的利益集团游说准则制定者，制定有利于该利益集团而损害其他利益相关者会计准则的行为。会计客观设租是指准则制定者站在公众利益的立场上制定会计准则，由于有限理性和环境的复杂性，准则界定的产权利益边界与人们正当利益边界不一致而留下的模糊产权界区。它导致了会计制度对“产权域秩序”的偏离。这两种制度层面“设租”比执行过程中具体人员的造假（寻租表现）会带来更严重的社会后果：它给“会计寻租”提供了利益空间，提供了制度庇护，使“会计寻租”合法化；它是会计实务中造假的“源泉”，加大了制度运行的交易费用，是虚假会计信息泛滥的主要根源。产权会计认为，准则制定者在享有权利的同时，也有对称的义务确保准则制定的高质量。

我们认为，治理虚假会计信息泛滥应从“设租”和“寻租”两个层次出发，坚持“双管齐下”战略。一方面，对会计主观设租而言，我们要坚持相关“制度”相互协调综合治理的思路，发挥稳定合作协调的功能，用制度体系

---

① 吴联生认为，会计域秩序是利益相关者以其所投资的资源为依据而进行的利益冲突与协调在会计规则方面达成一致意见的结果。

来综合治理，以至消除主观设租这一“权”到“钱”的交易，从源头上减少提供虚假会计信息的利润空间；对会计客观设租来讲，我们要正视它的客观存在，从整体上及时把握“产权域秩序”的变化，审时度势推进会计制度的变迁，缩小“设租”空间，缩小会计制度对“产权域秩序”的偏离，从源头上提高会计信息的质量。另一方面，对“会计寻租”，我们应坚持“两分法”。实务中会计寻租有合法与非法之分。其中合法会计寻租根源于会计制度本身的“设租”，如在“灰色区域”钻政策空子。非法会计寻租是寻租者在违法情况下根据寻租收益大于寻租成本原则而实施的分配性努力活动。会计寻租尤其是非法会计寻租加大了现存制度运行的成本，有损短期社会福利。但是，从长期来看，激烈的会计寻租活动是会计制度变迁的强大驱动力。会计制度变迁有利于完善会计制度，从而增加长期社会福利。因此，从“寻租”层次来考虑治理虚假会计信息，也应坚持“两分法”：其一，要严厉打击非法会计寻租活动，增大寻租成本；其二，正视合法会计寻租，不断完善现存会计制度，必要时推进会计制度变迁。

1.3 产权会计未来发展方向：一个展望

产权会计对传统会计的历史性突破是有目共睹的。无论是过去的会计，还是现时或未来的会计都确实存在一个对产权、产权经济乃至对产权价值运动的全面而深入的认识问题（郭道扬，2004）。会计变革从产权的角度讲，无非是为了比较充分地界定和保护产权，体现产权关系，维护产权意志，维持产权域秩序。产权保护是现代会计、财务和审计的共同使命（张荣武和伍中信，2005）。产权会计融经济学、法学、会计学、管理学和社会学为一体，提供了一个新范式——产权分析范式。产权分析法顺应了会计变革的内在要求，是未来会计变革的方法论基础。产权会计必将成为21世纪会计变革的主旋律。

未来产权会计还有许多问题有待继续深入研究。我们认为，主要包括：(1) 会计计量模式选择研究。在传统会计的基础上，可以研究不同计量模式下会计信息对产权主体利益界定和保护的影响，甄别产权会计应追求的计量模式。(2) 产权国际会计。涵盖会计国际趋同的产权动因，国际会计产权制度研究，集体行动逻辑下的国际会计准则形成与发展研究等。吴革（2002）对国际会计产权制度开始了初步研究。(3) 会计信息产权问题研究。会计信息产权归属、外部性问题及其如何内化等均有重要研究价值。(4) 会计信息“柠檬市场”问题研究。会计信息“柠檬市场[①]”是指会计信息市场上虚假信息泛滥，使得原本提供真实会计信息的企业，因对自身不利转而决定提供虚假会计信息的行为。如何用产权的思想解决会计信息“柠檬市场”问题将关系到会计职业的生存和发展。(5) 会计宏观社会角色产权分析。如社会责任会计、环境管理会计、资源会计、行为会计以及伦理会计的产权分析。(6) 公允价值会计与产权会计内在逻辑研究。财政部最近发布的 39 项企业会计准则和 48 项注册会计师审计准则，其根本特征就是公允价值的引入。为什么要引入公允价值？公允价值对产权会计有何影响，两者有何逻辑关系等。我们认为，产权理论是公允价值会计的理论基石；公允价值是产权会计理论的历史选择；产权会计理论是推行公允价值会计的重要理论基础。(7) 人本会计产权问题研究。以人为本的人本会计产权保护问题研究是会计科学发展观的核心内涵，具有重要的研究价值，是未来产权会计的重要发展方向。[②]

---

① “柠檬市场”俗称“次品市场”。著名经济学家乔治·阿克罗夫以“柠檬市场”的论文摘取了 2001 年的诺贝尔经济学奖，奠定了非对称信息经济学的基础。

② 本章与张荣武合作，发表于《会计研究》2006 年第 7 期，人大复印资料《财务与会计导刊》全文转载。

第2章

人类产权与会计起源及相关性分析

2.1 问题缘起

关于产权起源的研究，以马克思和恩格斯为代表的马克思主义经济学家和以诺斯、德姆塞茨、巴泽尔、阿姆贝克等为代表的新制度经济学家均进行了艰辛探索。国内的黄少安（1995，2003）、卢现祥（1996）、李军林（1998）、马永金（1999）和闫大卫（2009）等比较了马克思主义和新制度主义产权起源说的异同点，并尝试从潜产权、权利、均衡、制度变迁和个体能力差异等维度探寻产权起源，丰富了产权起源学说。人类会计思想演进的起点问题，大而言之，关系到人类社会的生存和发展，关系到一国经济乃至全球性经济的可持续发展，具体而言，又关系到会计学、审计学、财务管理学以及整个管理学科的发展（郭道扬，2009）。在市场经济中，会计对财产权的界定和保护在维持产权经济秩序中处于基础性控制地位。在国外，以佩顿（1922）《会计理论》、利特尔顿（1961）《会计理论结构》、帕克（1969）《管理会计：历史展望》和查特菲尔德（1989）《会计思想史》为代表的会计学家均探讨了会计基本方法的起源和发展问题（查特菲尔德，1989）。在国内，郭道扬（2004、2007、2009）分析了复式簿记起源和会计思想、行为演进的历史起点，陈余友（1992）考析了我国会计命名起源及其最初含义，陈文华等（1997）和刘云（2001）考证了中国会计活动的起源和发展。尽管国内外学者对产权与会计起源进行了卓有成效的探索，但仍未形成共识，尤其缺乏将产权与会计起源结合起来进行考察，难以发现两者之间的渊源关系。本书尝试在产权与会计起源之间进行互动研究，既从产权的角度透析会计起源，又从会计的角度探寻产权起源，以期揭开两者起源的内在本质联系，从而为方兴未艾的产权与会计的互动研究奠定坚实基础。

2.2　产权起源考察

关于产权起源的学说，目前占主流地位的主要有诺斯和托马斯、德姆塞茨以及马克思的产权起源说。

(1) 诺斯和托马斯的产权起源说。诺斯和托马斯（1999）认为，有效率的经济组织是经济增长的关键，它需要在制度上作出安排和确立所有权以便形成一种刺激，将个人的经济努力变成私人收益率接近社会收益率的活动。最初的人类为了生存，从事狩猎和采集植物的活动，过着群居生活。旧石器时代初期，人类已学会制造简单的工具。大约在 1 万年以前，人类已开始发展定居农业，进入新石器时代（诺斯，1991）。从定居农业出现到罗马帝国鼎盛时期大约经历了 8000 年。刚开始，最初的农业共同体建立了排他性的公有产权，在某些地区，这类排他性公有产权已让位于排他性的国有产权（国家所有权），而在其他一些地区，排他性的公有产权则被个人私有产权所取代，在建立个人私有产权的地方，这些权利发展为对产品、土地和奴隶劳动的私有产权。农业生产率在一定时期内趋于增长带来了人口的大幅增加。由于人口增长，资源稀缺日益加剧，围绕资源利用而展开的血腥争夺日趋激烈；另一方面，在共同体内部，分工专业化的结果导致生产率大大提高，产品数量和种类日益增加，为了满足自身生产生活需要，萌生了交易产品的需求，此时，在共同体内部对资源建立排他性私有产权的收益超过了由此所需的成本，私有产权就这样诞生了。私有产权脱胎于排他性公有产权内部，有利于个人在共同体之间和共同体内部交易产品，从而内部化了财产处于“公共领域”带来争夺和消耗大量资源的外部性，降低了共同体内部的交易费用，使得个人收益率与共同体的收益率趋于一致，促进了生产性努力的增长。此外，增长着的人口既会加大共同体内公共决策的费用，又会强化刺激个人逃避共同体分派的任务（因对逃避责任的考核往往花费很高），这样成长着的共同体协调生产决策和分配产品的费用也增大了（诺斯，1991）。为了降低交易费用，就需要实施针对共同体内部结构有序化的规则，这样的共同体就逐步演变成国家，“内部结构有序化的规则”就形成了产权制度，排他性公有产权在裂变为个人私有产权的基础上同时也产生了部分国家所有权（国有产权），以便为国家实施产权制度和保护产权提供基础。国家是界定产权和实施产权的单位。为了保护产权，早期的国家就注意通过立法建制来达成这一目的。如巴比伦王国的《汉穆拉比法典》和古罗马的《罗马法大全》都将维护私有产权作为重要内容，以此刺激经济增长。综上可见，诺斯和托马斯强调了人口增长以及土地和劳动力相对价格的变化是产权起源的重要原因，其基本逻辑是：在人类社会早期，人口稀少，资源丰裕，没有必要建立排他性产权，人口的不断增加影响土地和劳动力相对价格变化，并使得资源越来越稀缺，两者矛盾运动促使人们建立排他性产权，以内部化公有产权导致的资源过度消耗与争夺引致的外部性。产权的起源演进遵循着“公有产权→排他性公有产权→国有产权＋私有产权”的路径。

（2）德姆塞茨的产权起源说。德姆塞茨（1967）认为，新的产权的形成是相互作用的人们对新的收益——成本的可能渴望进行调整的回应：当内部化的所得大于内部化的成本时，产权的发展是为了使外部性内部化。内部化的增加一般会导致经济价值的变化，这些变化会引起新技术的发展和新市场的开辟，由此而使得旧有产权协调功能变差。他考察了 18 世纪初美国印第安人土地私有权的发展，借用了利科克的经典论文《关于山区的狩猎区域与皮革交易》，该文揭示了产权对动物的过度狩猎所起的作用：皮革贸易的出现使得印第安人狩猎的皮毛价值大大增加以及狩猎活动的范围明显扩大，提高了外部性问题的重要性。产权体制开始变化，其变化方向尤其考虑由皮革贸易变得重要后的经济效应。于是，在魁北克附近出现了单个家庭的区域性狩猎与设陷阱的安排。他们将这一区域分成条带状，以便使各个家庭能排他地、更有效地狩猎，皮革贸易促进了更为经济地畜养皮毛动物的激励。畜养要求有能力阻止偷猎，这反过来又促进了土地财产的社会变迁和产权界定（卢现祥，1996），私有产权就这样产生了。德姆塞茨强调了产权（私有产权）产生于外部性内部化的收益大于成本之时。由于商业活动的迅速发展使得资源稀缺程度不断提高，导致资源的相对价格变化，公有产权引致的资源过度开发和消耗的外部性抵消了其给人们带来的收益，形成“公地悲剧”。当某种资源相对价格的提高使得对其建立排他性私有产权的收益大于为此付出的成本时，即建立产权（私有产权）是有利可图时，产权（私有产权）就产生了。

（3）马克思的产权起源说。马克思认为，原始社会的产权基本上是公有产权，以土地公有为典型，并且认为这种财产关系是自然形成的。“土地是一个大实验场，既提供劳动资料……，还提供共同体居住的地方，即共同体的基础，人类素朴天真地把土地看作是共同体的财产，而且是在活劳动中生产并再生产自身的共同体的财产”（马克思和恩格斯，1979）。这充分反映出原始产权是公有产权，是与人类生存依附一体的，对财产的权利就是天赋人权。公有产权是最初的人类赖以生存的基础。私有产权的产生和发展与原始社会的家庭及其演变密切相关，在以血缘关系为纽带的血亲氏族由自然共同体逐渐演变为具有经济意义的家庭时，私有产权也就在原始公有制内部产生了。私有产权的主体首先是私人家庭主体，家庭的演变是与人类婚姻、性的关系的演变相联系的，家庭由公有经济单位转变为私有经济单位的客观条件或经济基础又是生产力的发展（黄少安，2004）。马克思的产权起源说强调了公有产权的解体和私有产权的起源根源于生产力的发展。私有产权是在公有产权的基础上建立的，而生产力是由物质资料的生产方式决定的，体现为生产技术的进步。私有产权确立的条件是产权所有者获得的产权收益大于排除其他人使用这一产权的费用。当这种费用过于高昂时，财产将成为共同所有而形成公有产权，一些生产技术、发明等生产力进步因素降低了建立排他性私有产权的费用，从而为私有产权的产生奠定了技术基础。

（4）评论。从上述关于产权起源的不同学说看来，私有产权的起源是学者关注的焦点，狭义的产权起源说仅指私有产权起源说。产权的形成过程主要受以下因素影响：技术、人口压力、资源稀缺程度和要素产品相对价格变动。当这些因素发生重大变化时，搁置在“公共领域”的非排他性产权将产生可挤占性准租金，为了攫取该租金将消耗大量资源（增大了获取准租金的交易费用），以致其租值耗散为零，对个人和共同体的产权贡献为零，“公地悲剧”就溯源于此。为了提高资源对个人和社会的贡献利益，消除“公地悲剧”，就必须建立排他性私有产权取代公有产权以内部化公有产权的外部性，降低交易费用。即产权的形成过程实质上就是外部性内部化的过程。建立排他性私有产权的前提条件是内部化外部性的收益大于为建立排他性产权所花费的成本。新的产权的形成是人们对新的成本——收益的可能预期进行调整的结果。产权一旦归私人所有，产权主体就可以排他性地占有、使用、处置它并获取收益，就有激励采取措施防止他人侵犯，这又推动界定产权和保护产权的制度形成。为了降低产权保护的成本，产权制度往往采取了国家颁布并予以强制实施的法律形式。在产权制度的规范下，产权根据市场价格自由交易，资源便流向出价最高者，流向使用效率最高者，进而充分释放产权效率，促进产权经济增长。总之，产权的形成过程就是外部性内部化的过程，有效的产权制度可以降低甚至克服外部性（即内部化外部性），并使得个人从事经济活动获得的私人收益率与社会收益率趋于一致，从而刺激人们生产性努力的增长，推动产权经济和社会持续、健康、和谐发展。

2.3 会计起源分析

人类最早的计量、记录行为产生的历史动因，首先取决于生产发展水平，而衡量生产发展水平的基本标准是生产剩余物品的出现，人类正是在有了生产剩余物品这个客观事实的前提条件下，才学会了储备及对储备的管理；其次正是由于社会生产发展到足以维持生存的水平，或是足以保障人类自身生产正常进行的水平，故方能围绕剩余物品的合理分配与保障这些物品能在一定时间内维持人们的不断需要这些问题，萌生了人类最早的计量、记录观念和行为（郭道扬，2004）。可见，人类最早计量、记录观念和行为源于剩余产品的出现。在旧石器时代中晚期，由于生产剩余产品的出现使得原始部落内部经济关系不断复杂化，单凭头脑、默记和默算已难以满足组织生产活动与合理分配产品的要求，于是催生了简单刻记方法和直观绘图记事法，这是人类会计工作的历史起点。为了获取更多产品，人类不断改进生产工具，以新石器取代旧石器，劳动生产率大大提高，并逐步实现从狩猎和采集活动向农牧业过渡，进入了新石器时代。这时，除生产性农牧业产生和发展外，狩猎捕捞技术也不断改进，皮革加工技术不断提高，原始纺织手工业出现，陶器制造也产生了，分工和专业化不断加强。为了满足人类生产、生活资料需要，逐渐形成了最原始的交换关系。交换是改进原始计量技术的重要刺激因素。在新石器时代早中期产生了刻符记数，并使用重复刻划或描绘的绘图、记录法来表现经济事项的数量，用“箓”符的印记（发展为后来的印章）储存产品，体现为一种原始的“受托管理责任”会计观念。在由新石器时代过渡到金属时代时，生产力得到很大提高，随着家庭组织形式演进到一夫一妻制，财产私人占有现象出现了。私人财产的出现，促进了个人之间交换活动的开展，并不断改进和推动原始计量方法变革。为了能使交换顺利进行，维护交换双方的产权利益，交换双方须在计量、记录方法方面达成共识。会计计量、记录方法和技术创新，有利于维持交换秩序、促进经济发展，进而使得改进计量、记录方法和技术成为一种强制性的社会需求。财产的私有化本身也会带来两个方面的问题：一是人们关心自己财产能否保值增值，另一方面关心自己的财产是否安全。为此，人们需拥有关于财产状况（数量和所有权等）及其结果（价值变动）的相关信息，即需要一种计量机制来反映这些信息，从而迫切需要改进计量、记录方法。于是在原始社会末期，在刻符记事的抽象绘图记事的基础上，产生了经济“书契”计量、记录方法。该方法由数码、实物计量单位与文字配合使用为特点。“书契”的出现是人类由原始计量、记录时代向单式簿记时代演进的一个关键性转折，它是人类进入文明时代前夜之际在原始计量、记录方法变革中产生的重要成果，它体现了会计发展史上首次革命的历史成就（郭道扬，2004）。

在由原始形态的自然经济向奴隶时代自然经济的过渡过程中，产生了单式簿记。在奴隶制生产方式下，奴隶主既完全占有生产资料，也完全占有生产者。奴隶主借助国家法律制度和“庄园簿记”来保护他们对私有财产的绝对占有权。如两河流域的各奴隶制国家采用楔形文字记载和书写法律。公元前18世纪，巴比伦第六代国王汉穆拉比完成了两河流域统一，制定了著名的《汉穆拉比法典》，其中就有“以奴隶主土地公有制为基础，土地国有与有限的私有并存的土地制度”的规定，以土地等不动产作为私有产权的标的，所形成的买卖、继承关系一般仅限于公社和家庭范围内。此时，动产私有权已经相当发达，奴隶主私有财产受到严格保护。公元6世纪至12世纪，以《查士丁尼法典》、《学说汇纂》和《法学阶梯》为蓝本的《罗马法大全》形成了罗马私法体系，注重对奴隶主和自由市民私有财产权利的保护。保护奴隶主私人财产的立法建制行为是单式簿记产生和发展的基础动力。在记账制度、方式和方法上作出重要创新的单式簿记，是会计发展史上划时代的进步。“庄园簿记”主要以反映和监督产品使用价值的生产、分配、消费与储备这个经济活动过程及结果为目的，在庄园主与管家之间形成了最早的受托责任关系。庄园管家的报账制度彰显了会计思想中原始的受托责任观念，成为推动簿记思想、方法、技术和组织不断创新的根本动力。随着奴隶制向封建制过渡，封建主完全占有生产资料和不完全占有劳动生产者，尽管仍是自给自足的自然经济，但是代表封建地主或封建领主的国家为了维护其产权利益，控制并增加财政收入，完善了原有单式簿记方法体系，形成了“官厅簿记”。由于自然经济的分散性与人们大量交易需求迫切性之间的矛盾运动，推动着集市等交换场所不断发展壮大。在一些封建势力较弱的国家里，商品交易活动频繁，度量衡的统一以及货币成为交换媒介大大促进了交易范围的扩大，城市和城邦出现了。分工与专业化的发展通过交换逐渐瓦解着自然经济，商品经济时代开始到来。这为复式簿记的产生奠定了前提条件。由自然经济形态向商品经济形态的演进，由封建领主政治制度向“城关市民”政治制度的根本性转变，以及源于文艺复兴中的簿记复兴，这些因素的综合使得复式簿记萌芽、产生于中世纪末期的意大利北部城邦（郭道扬，2008）。系统的复式簿记产生需要 7 项必要条件（Littleton，1996）：书法，簿记首先是记录；算术，簿记是由连续计算组成的；私有财产，簿记反映关于财产和财产权的事实；货币，簿记只有以货币作为共同的计量单位去反映所有的关于财产和财产权的经济业务才得以成立；信用，即未完成的经营业务，倘若所有的经济业务当场结清，就不存在反映交易的刺激；商业，仅仅是地方性贸易尚不会产生足够的压力，使人们会将各种不同的概念综合成一个系统的方法；资本，没有资本，商业就是小宗买卖，信用交易也就不会发生。1494 年意大利文艺复兴时期著名数学家卢卡·帕乔利（Luca Pacioli）出版《算术、几何、比及比例概要》（又译作《数学大全》）一书，作为其逻辑构成的《簿记论》系统阐述了簿记学的基本原理与商业簿记实务。自此，簿记学乃至会计学才真正成为一门科学。

2.4 产权缘起与会计起源的相关性

会计的发展是反应性的，也就是说，会计主要是应一定时期的商业需要而发展的，并与经济的发展密切相关（查特菲尔德，1989）。私人产权刺激了私人财富的不断增长，导致了受托责任会计的产生，它不仅反映财产安全、财产状况及其结果，还反映管家是否履行了适当的职责。要实现产权维护与保障的基本宗旨，产权的定性保护与定量保护是缺一不可的两个重要组成方面，产权保护法律体系主要在定性保护方面作出了贡献，而定量保护的工作则应当由产权会计来完成（郭道扬，2005）。无论是过去、现时还是未来的会计，事实上进行着为产权主体计量、核算与监督产权价值运动的基本工作，担负着产权维护与保障的基本功能（康均，2005）。前文可知，产权（私有产权）的形成过程实质上就是外部性内部化的过程。产权能够限制开发资源的速度。从历史来看，产权的演变过程先是排除外来者侵占有限资源，然后制定内部规则限制资源开发和资源分配。人类社会演进的发展历程先后出现过公有产权、排他性公有产权、国有产权（国家所有权）和私有产权四大产权类型。为了生存所需，人类早期的狩猎和采集所得成果都是部落的公有产权，没有剩余财产（物品），这表明不需要进行原始的计量、记录等会计行为。随着人口的不断增多，资源变得稀缺，为了谋求群体生存和繁衍，遏制“公地悲剧”，必须对资源建立排他性公有产权。由于排他性产权带来了生产性投资激励，劳动生产率不断提高，剩余产品开始出现，使得人类逐渐由以狩猎和采集为生过渡到定居农业。正是由于剩余产品的出现，人类才可能在思维方面将生产、分配和储备联系起来，萌生出最原始、最古老的计量和记录行为，目的是记录生产成果以便于安排生产和分配。随着部落共同体逐渐向国家形式过渡以及交换活动的进一步扩大，排他性公有产权裂变为国有产权（国家所有权）和私有产权。为了核算与维护统治阶级的财产权利，经济“书契”、单式簿记、庄园簿记和官厅簿记相继出现。随着商品经济取代自然经济，交易日益频繁，范围不断扩大，为了反映私人财产交易是否等价、是否增值以及保护财产安全等，复式簿记取代单式簿记，顺应了商品经济发展的客观要求，并使会计成为一门科学。

从产权和会计两者起源看来，我们发现：会计思想和行为滥觞于“排他性公有产权”产生之时（原始社会中晚期），发展于“国有产权（国家所有权）”时期（奴隶社会和封建社会），鼎盛于“私有产权”时期（资本主义社会）。自从产生了私有财产，私有财产的占有者便开始寻找维护私有财产的路径，由此产权思想也便成为支配社会经济发展的重要思想，并且成为一种具有持久性重要影响的思想。从今往后在产权思想促进之下所产生的产权理论与规则，对会计的发展便产生了决定性影响：一方面它促进着会计理论与方法的发展变化，另一方面它使会计以维护与保障产权为工作中的既定目标，在会计方面的法律制度的构建中，无论发生何种变化都从始至终必然以维护和保障产权作为它所要规范与解决的核心问题（郭道扬，2004）。会计的起源过程充分证明：会计是维护产权权能（占有、使用、收益和处分）、实现产权利益和内部化外部性过程中的最基础、最重要和最具操作性的计量机制。外部性内部化的过程，既是产权的缘起过程，也是会计（思想和行为）产生和发展的过程。外部性内部化的“结果”产生了“产权”，而外部性内部化的“过程”则催生了“会计”。“产权”与“会计”的关系是“结果”与“过程”的关系。外部性内部化是产权与会计缘起的联结点。①

① 本篇文章发表于《经济问题探索》，2011 年第 11 期。

第 3 章

现代会计理论的产权基础

3.1　基本缘起与发展

会计与产权的渊源由来已久，从若即若离到水乳交融可谓历尽沧桑。滥觞于 Coase 的“交易费用”理论（Coase, 1937; Coase, 1960），在诸多学者推动下，现代产权理论得到了飞速发展。在产权与会计的融合研究中，国外主要集中在所有者权益理论和会计规则制定与执行方面：会计和审计都是产权结构变化的产物，是为监督企业契约签订和执行而产生的（Watts and Zimmerman, 1983）；对所有权的认定是复式簿记的根本特征（Chatfield, 1977）；契约约束经常体现在以会计数据为基础的条款上（Smith, 1993），解决契约中的代理冲突一般采用以 GAAP（公认会计原则，下同）为基础的会计数据（Holthausen and Leftwich, 1983）。企业的起源对于会计有着基础性的需求（Waymire, 2009）；当详细考虑交易成本时，有关会计问题分析的价值绝不可低估（Xie, 1996）；会计是解决信息不对称问题的重要机制（Scott, 2003），以财务报表为载体的会计信息对利益相关者的产权界定和保护具有重要影响（Palmrose, 2009）；会计可以助推经济增长，并使整个社会发展变得可持续（Unerman *et al.*, 2007）。这些文献显示了会计与产权融合研究的萌芽，但国外学者并未专门从产权的角度剖析会计原理、从会计的角度分析产权理论，未能提出“产权会计”范畴，未能形成理论体系。

自20世纪90年代以来，伴随着经济转型和新制度经济学思想（产权理论）的引入，中国的会计学者一直致力于产权与会计的交叉融合研究，已取得了丰硕成果①，一个全新的会计学产权学派应运而生。会计对产权的贡献是与生俱来的，并一直成为产权思想的忠实随从；其产生、发展和变更的根本使命是：体现产权结构，反映产权关系，维护产权意志（郭道扬，2004）。学者运用产权这把"手术刀"，以契约为依托、以制度为内生变量、以会计为横截面，全面剖析了会计本质、会计目标、会计对象、会计职能、会计信息、会计准则、会计地位和会计核算等会计基础理论，诠释了会计核算方法与会计制度变迁的产权动因、会计规则制定权合约安排等。然而，有关会计本质、会计目标、会计对象和会计职能的讨论存在以下不足：一是当前研究大多单独进行讨论，缺乏将其结合在一起进行逻辑一致的探讨；二是缺乏对产权与会计起源相关性的考察，难以探寻两者关系的联结点；三是缺乏从产权的角度研究会计基础理论的缘由论证，难以得出令人信服的结论。为弥补这一缺陷，本书将在对产权与会计缘起相关性进行简要考察的基础上，将外部性、产权与会计紧密结合起来，以"外部性内部化"为立足点，将会计本质、会计目标、会计对象和会计职能的讨论有机结合起来，试图形成逻辑一贯的理论体系。

3.2 会计与产权起源的相关性

会计的发展是反应性的，也就是说，会计主要是应一定时期的商业需要而发展的，并与经济的发展密切相关（Chatfield，1977）。私人产权刺激了私人财富的不断增长，导致了受托责任会计的产生，它不仅反映财产安全、财产状况及其结果，还反映管家是否履行了适当的职责。要实现产权维护与保障的基本宗旨，产权的定性保护与定量保护是缺一不可的两个重要组成方面。产权保护法律体系主要在定性保护方面作出了贡献，而定量保护的工作则应当由产权会

① 代表性作品有：《科斯定理与会计准则》（刘峰，1992）、《产权与会计》（伍中信，1998）、《企业产权会计论》（田昆儒，1999）、《企业剩余索取权：分享安排与剩余计量》（谢德仁，2001）、《会计信息的产权问题研究》（杜兴强，2002）、《会计契约论》（雷光勇，2004）、《会计史研究》（郭道扬，2005）、《产权会计史研究》（康均，2005）和《产权的会计分析》（曹越，2010）等。

计来完成（阎达五，1983）。会计是为“保护产权”而生的。新制度经济学的产权起源说表明：产权（私有产权）的形成过程实质上就是外部性内部化的过程。人类社会演进的发展历程先后出现过公有产权、排他性公有产权、国有产权（国家所有权）和私有产权四大产权类型。为了生存所需，人类早期的狩猎和采集所得的都是部落的公有产权，没有剩余财产（物品），这表明不需要进行原始的计量、记录等会计行为。随着人口的不断增多，资源变得稀缺，为了谋求群体生存和繁衍，遏制“公地悲剧”外部性惨境，必须对资源建立排他性公有产权。由于排他性产权带来了生产性投资激励，劳动生产率不断提高，剩余产品开始出现，使得人类逐渐由以狩猎和采集为生过渡到定居农业。正是由于剩余产品的出现，人类才可能在思维方面将生产、分配和储备联系起来，萌生出最原始、最古老的计量和记录行为，目的是记录生产成果以便于安排生产和分配。随着部落共同体逐渐向国家形式过渡以及交换活动的进一步扩大，排他性公有产权裂变为国有产权（国家所有权）和私有产权。为了核算与维护统治阶级的财产权利，经济“书契”、单式簿记、庄园簿记和官厅簿记相继出现。随着商品经济取代自然经济，交易日益频繁，范围不断扩大，为了反映私人财产交易是否等价、是否增值以及保护财产安全等，复式簿记取代单式簿记，顺应了商品经济发展的客观要求，并使会计成为一门独立学科。

从产权和会计两者起源看来：会计思想和行为诞生于“排他性公有产权”产生之时（原始社会中晚期），发展于“国有产权（国家所有权）时期”（奴隶社会和封建社会），鼎盛于“私有产权”时期（资本主义社会）。自从产生了私有财产，私有财产的占有者便开始寻找维护私有财产的路径，由此产权思想也便成为支配社会经济发展的重要思想，并且成为一种具有持久性重要影响的思想。会计是维护产权权能（占有、使用、收益和处分）、实现产权利益和内部化外部性的最基础、最重要和最具操作性的计量机制。外部性内部化的过程，既是产权的缘起过程，也是会计（思想和行为）产生和发展的过程。外部性内部化的“结果”产生了“产权”，而外部性内部化的“过程”则催生了“会计”。“产权”与“会计”的关系是“结果”与“过程”的关系。外部性内部化是产权与会计缘起的联结点。因此，以外部性内部化为基点，探讨会计本质、会计目标、会计对象和会计职能等理论问题，对于拓展会计理论而言，具有重要意义。

3.3 会计本质：外部性内部化

本质是事物本身所具有的区别于另一事物的内在属性。关于会计本质的研究，众说纷纭，难以定论，并形成了以下几个主要流派：（1）会计技术论，即主张会计是以货币形式记录、分类、汇总经济交易或事项，反映经营成果的技术；（2）会计信息系统论，认为会计是旨在提高经济组织效益，加强经济管理而建立的以提供会计信息为主的经济信息系统；（3）会计管理活动论，主张会计是一种管理活动，会计管理的客体是价值运动、目的是提高经济效果、基本职能是计划和控制（杨时展，1992）；（4）会计控制论，认为会计是一个以认定受托责任为目的，以决策为手段对一个实体的经济事项按货币计量及公认原则与标准进行分类、记录、汇总、传达的控制系统（伍中信，1998）。伍中信（1998）从产权的角度出发传承和强化了受托责任思想，认为"现代会计是一个以货币为主要量度，按公认标准来认定和解除受托责任完成情况的经济控制系统"（郭道扬，2004）。在总结和吸纳上述观点精华的基础上，郭道扬（2004）认为"现代会计是会计管理者通过会计信息系统与会计控制系统的协同性运作，实现对市场经济中的产权关系及价值运动过程及结果系统控制的一种具有社会性意义的控制活动"（阎达五，1983）。可见，会计技术论强调了会计的反映职能；信息系统论强调了会计是一种管理工具，但未能体现现代会计工作过程中所体现的经济责任关系；管理活动论强调了会计是经济管理的重要组成部分，凸现了会计的地位和作用，但并未将会计管理工作与其他管理工作予以严格区分，忽视了会计管理的技术特性；控制论实质上是在管理活动论基础上的深化与拓展，会计在管理活动中主要充当控制职能的角色，这种控制缘起于会计的受托责任本质属性；而郭道扬的论述实则综合了会计本质表述的各种流派，力图提供一个完整的会计定义表述，他将信息系统与管理系统协调起来、技术性与社会性结合起来、产权关系与价值运动融合起来以及微观与宏观统一起来。

会计本质是认识会计的逻辑起点。对会计本质的概括应该贯穿于会计萌芽、产生和发展的历史进程中，对会计本质的探索应该从会计发展史中抽象出亘古不变的内在特质。会计的起源过程证明：会计作为一种微观计量机制，在维护产权权能、实现产权利益和内部化外部性过程中处于最基础、最重要和最具操作性的地位。产权缘起和会计起源都发轫于外部性内部化的过程中。因而，外部性内部化是会计诞生的根本原因。有关会计的“技术论”、“信息系统论”、“管理活动论”和“控制论”都是对会计本质某一层面的正确认识，然而，隐藏在其背后的共同本质属性都是为了使得交易或事项等经济业务的外部性予以内部化。我们可以通过逆向生成的方式考察会计的本质问题：当经济活动中的交易或事项反映的产权关系和价值运动没有得到会计计量进而无法予以核算和控制时，必将加剧产权主体之间的信息不对称程度，并助长机会主义行为，必将扰乱资源配置秩序，破坏经济组织正常的激励——报酬结构，从而导致组织个人收益率偏离社会收益率，诱致分配性努力的增长，进而导致经济衰退。这是严重的负外部性未得以内部化而付出的惨重代价。可见，没有会计计量，所谓的财产权保护就成为“承诺”、“拍脑袋”等主观行为而非客观度量结果，这使得“财产权”被搁置在“公共领域”，成为共有财产（模糊产权），必将助长产权主体攫取共有财产的行为，导致财产租值耗散殆尽（负外部性）。因而，为了对产权进行有效的保护，必须建立经济组织的基础性计量机制以内部化这种外部性，从而提高财产租值，优化资源配置。在经济组织上有两个至关重要的需求：计量投入的生产率以及对报酬的计量。会计是经济组织最基础、最重要、最具操作性的计量机制，它可以增强经济组织的计量能力，紧密联系报酬支付与投入生产率之间的关系，节省交易费用，使得私人收益率与社会收益率趋于一致，使得外部性在更大程度上得以内部化，促进生产性努力的增长。

综上可见，贯穿于会计萌芽、产生和发展的历史，我们认为，会计的本质就是外部性内部化。这一表述比“受托责任”更接近会计的产权要义，更能凸现会计在经济组织层面（微观）和经济增长层面（宏观）的重要贡献，并隐喻着微观至宏观的传导机制。产权的基本功能是外部性内部化，外部性内部化的过程也是产权与会计的产生和发展的过程，因而，会计本质的这一表述表明：会计对外部性内部化的贡献与生俱来，会计理论、方法的发展和新兴会计学科（如环境会计、法务会计和社会责任会计等）的出现都是为了追求外部性内部化。产权与会计的紧密联系统一于“外部性内部化”的框架中。外部性内部化的“结果”产生了“产权”，而外部性内部化的“过程”则催生了

"会计"。"产权"与"会计"的关系实则是"结果"与"过程"的关系。由于"结果"往往是"过程"控制的对象、"过程"往往决定"结果"，因而，没有会计过程就没有产权结果，即没有会计核算就没有有效的产权保护。"外部性内部化"的会计本质表述打通了会计与产权所属的学科壁垒（即会计学与产权经济学、法学之间壁垒），使得会计与产权的交叉、渗透、融合研究成为可能，这有利于挖掘两者之间的理论优势、弥补各自的理论劣势和完善各自的理论体系，从而充分认识和发挥会计在市场经济中的产权保护功能，提高产权效率，助推经济发展。

3.4 会计目标：内部化外部性

会计本质解决会计"是什么"的问题，而会计目标解决会计"做什么"的问题。目前，关于会计目标的表述主要有两种观点：受托责任观和决策有用观。前者认为，会计的目标就是向会计信息使用者提供经济主体的财务状况、经营成果和现金流量等相关信息，以反映企业管理者受托责任的履行情况；后者认为，会计目标就是向会计信息使用者提供有助于作出经济决策的会计信息。这两种观点一直争论不休。目前，IASB（国际会计准则理事会）和 FASB（美国财务会计准则理事会）均采用决策有用观，而中国 CAS（企业会计准则）则采用了"受托责任"与"决策有用"并行的观点。一般认为，决策有用观是与完善的资本市场相适应的，而受托责任观是与不完善或新兴资本市场相适应的。因为资本市场越完善，管理层的受托责任履行情况越能够迅速反映到股价波动上，委托者与受托者的关系通过资本市场而间接建立，这导致了委托者与受托者之间关系的模糊；相反，资本市场越不完善，管理层的受托责任履行情况难以反映到股价波动上，且资本市场传递会计信息的功能得到抑制，委托者与受托者的关系不是通过资本市场建立，而是通过直接投资等方式直接建立的，这使得委托者与受托者之间关系没有模糊和缺位现象，是清晰的。这种分析思路有一定的道理，然而有关两者之间的争论从未停止过。伍中信（1998）认为，时下有关决策有用观与受托责任观之间的争论没有必要，决策有用观不过是受托责任观发展的一个层次而已（郭道扬，2004）。而有的学者认为，决策有用观与受托责任观强调的目标价值取向具有本质不同，体现了会计的不同发展阶段，是不能等同的。我们认为，会计目标应遵循会计的本质，会计的本质决定了会计目标。鉴于会计的本质是外部性内部化，那么，会计的目标就是内部化外部性。这是一个动宾结构短语，符合“做什么”的表述方式。不论是受托责任观还是决策有用观，都是不同社会环境下会计内部化外部性的不同表述方式而已，体现了会计发展的不同阶段。“内部化外部性”的目标表述可以克服会计信息服务主体是管理层还是利益相关者之间的争论，并且可以贯穿会计发展史。因为会计作为一个过程，本身就是内部化外部性的过程，也就是对产权进行界定，并对界定的财产进行保护的过程。内部化外部性是会计目标的产权表述。

3.5　会计对象：从“资金运动”到“财权流动”

一般认为，会计对象就是资金运动。这是从价值层面的表述。伍中信（1998）从产权的角度揭示了会计对象：企业的价值运动又确实地表现为一种财产权利和责任的流动和变化，这种产权的流动和变化的目的无非是为了最终解除受托之责；用“产权流”代替“资金流”既能保留“资金流”原有的动态反映会计对象的优势，又克服了“资金”概念的不足，同时又体现了现代会计对“受托责任”观念的强化这一现实，符合会计本质和会计目标的基本宗旨（郭道扬，2004）。施先旺（2006）认为，会计的对象就是产权价值运动，即产权价值运动的过程和结果以及所体现的产权经济关系。我们认为，对会计对象的描述应从“价值”和“权利”相结合的层面进行探讨，这就可以综合两个层面的优势，使得会计对象的表述更加科学。“资金流”是价值层面的表述，“产权流”是权利层面的表述，“产权价值运动”似乎综合了“价值”与“权利”的优势，但是“产权价值”是一个联合概念，并未实现一个概念囊括“价值”和“权利”两层含义，即没有实现两者的真正结合。那么，如何寻求理想中的“一个概念”呢？财务研究给了我们重要启示：基于对财务“价值”层面和“权力”层面的融合分析，伍中信认为：“财权”=“财力”＋（相应的）“权力”，这里的“财力”表现为一种价值，是企业的财务资金或本金，而相应的权力便是支配这一“财力”所具有的权能；在财权与产权交叉的领域里，财权构成了产权中最核心的内容（伍中信，1999）。如果说“价值流”是从“物资流”中抽象出来的本质力量，那么，在现代企业制度下，“财权流”就是从“价值流”中抽象出来的内在本质。

著名财务学家郭复初教授（1997）根据资金的经济性质与用途，把资金分为本金和基金。本金是各类经济组织为进行经营活动而垫支的资金，具有周转性与增值性等基本特征；基金是指国家行政组织与各类事业单位为实现其职能而筹集与运用的专项资金，具有一次收支性与无偿性等基本特征。本金与基金相分开，适应了国家生产资料所有者职能与社会经济管理职能分开的需要，有利于推进政企分开。基于“价值”与“权利”融合概念的财权实质上是产权概念在价值层面的延伸，也是价值概念在产权层面的拓展，因而，财权既是产权的价值表述，也是价值的产权表述。财权本质上隶属于产权，主管能够量化的价值形态的产权。“财权”中的财力（即企业本金或财务资金）完全可以拓展至“基金”，因为“基金”实质上也符合“财权”的本质含义，只是其占用主体主要是政府经济管理组织，而不像“本金”的占用主体是企业。这样“财权”概念就是“价值”和“权利”的融合表述，它既存在于企业占有的“本金”中，也存在于政府和非营利组织占有的“基金”中。如果说“产权流”是贯穿会计发展史过程中从权利层面对会计对象的抽象概括，那么，“财权流”就是现代会计对象的恰当表述。

3.6 会计职能：界定财权和保护财权

会计目标决定会计职能，会计职能解决会计“能做什么”问题。现代会计的基本职能是核算与监督，其中核算的过程就是会计按照GAAP的要求，通过确认、计量、记录和报告，全面、系统、及时、准确地将会计主体发生的交易和事项以会计信息的形式表现出来。会计监督就是在会计核算的过程中监督经济活动按照有关法规和计划进行。核算是监督的基础，没有核算职能提供的信息，监督就没有客观依据；而监督又是核算的保障，没有监督，会计就不可能提供真实可靠的会计信息，核算职能也就无法顺利实现。会计职能一是界定产权，二是保护产权。其中会计核算在于认定或确认产权关系，反映产权结构的变化，兼有界定产权和保护产权的双重含义；而会计的监督职能则是对会计的界定进行再认定，这种再认定的过程便是为了检查是否已按既定的契约（制度）进行界定、界定好后的产权结构是否遭到了破坏和某一产权主体的利益是否被他人所侵蚀，因而会计监督的功能主要在于保护产权（郭道扬，2004）。贯穿会计发展史，囊括原始计量行为、古代会计、近代会计和现代会计之会计职能的准确表述是“界定产权和保护产权”，但该表述并未体现现代会计以货币量化价值的计量特征。遵循本书的逻辑，会计职能实质上回答如何内部化外部性的问题，也就是探寻会计内部化外部性的途径问题。鉴于实现会计职能必须以会计对象为客体，因而，现代会计内部化外部性的途径：一是界定财权，二是保护财权。其中界定财权的过程体现在会计核算过程，保护财权的过程蕴含在会计监督的过程中。现代会计界定财权和保护财权的过程实质上就是通过准确界定产权以有效保护产权，进而内部化外部性，促进生产性努力的增长。因此，界定财权和保护财权是现代会计的两大基本职能。值得注意的是，由于财权主管产权的价值形态权能，是产权的核心，现代会计的职能也可近似表述为“界定财权和保护财权”。

3.7 外部性内部化视角下的会计定义

对会计的定义表述应该从其产生和发展过程中抽象出亘古不变的内在规律，并应符合逻辑学的定义规则。这些规则主要有：（1）定义项的外延与被定义项的外延应是相同的；（2）被定义项 = 种差 + 邻近属概念。逻辑学认为，内涵就是指这个概念的含义，即概念所反映的事物对象所具有的本质属性；外延指这个概念所反映的事物对象的范围，即具有概念所反映的本质属性的事物或对象；被定义项的邻近属概念即比被定义概念范围更大、外延更广的概念，以确定被定义概念所反映对象属于哪一类事物，而种差即指种概念与同属于其他同级种概念在内涵上的差别，这种差别也就是被定义概念所反映的对象同其他对象的本质区别。若会计采用“被定义项 = 种差 + 邻近属概念”方式定义，那么将邻近属概念定位于“经济信息系统”、“管理活动”和“控制系统”都是正确的，而对种差的描述基本类似。因而似乎都是对会计定义的正确表述。然而，我们发现，这种定义方式可能并不符合规则（1），即定义项的外延与被定义项的外延存在不一致。实际上，“经济信息系统”、“管理活动”和“控制系统”的外延都远大于会计的外延。因而，缩小定义项的外延是对会计进行准确定义的必要条件。

由于计量是会计的核心，加之与“统计”等相比，会计属于微观计量，因而将“微观计量系统”作为会计的外延符合规则（1）。基于此，从外部性内部化的角度出发，我们可将现代会计定义表述为：会计是以货币为主要量度，依据公认标准来界定财权（产权）和保护财权（产权）以内部化外部性的微观计量系统。①

① 本章与赵西卜合作，文章发表于《财经理论与实践》，2011 年第 5 期。

第 4 章

产权保护、二元计量与会计稳健性

4.1　问题缘起

随着金融市场信用膨胀、金融工具创新泛化，实体经济被资本化、信用化和虚拟化，虚拟经济逐渐形成，规模日渐增大并与实体经济脱节。虚拟经济是现代市场经济的重要组成部分，同时又是一把“双刃剑”：虚拟经济的繁荣为实体经济提供了广阔的融资渠道，使得实体经济的流动性增强；同时又使整个经济系统面临的不确定性增加。市场经济本质上是产权经济（张维迎，2011；郭道扬，2004；曹越等，2014）。市场中的商品交换，实际上是一种权利交易，正是权利的价值决定了商品的价值。会计在市场经济体系中处于最基础、最重要和最具操作性的地位，是良序市场经济运行的基础。

会计与产权紧密相连，两者在发展中彼此交叉、渗透而进步（伍中信等，2006）。产权界定和产权保护是现代会计的两大基本职能（曹越等，2011），会计确认与计量规则提供了市场主体之间交易的财产权利分配规则。界定产权是保护产权的基础，而准确界定产权必然涉及会计计量属性的选择。计量是会计的核心（井尻雄士，1979）。如何选择恰当的计量属性是准确界定产权和有效保护产权的关键，而现行的财务报告概念框架对计量以及采用何种计量方法的指引十分有限。公允价值进入财务报表是财务会计不可避免的趋势，是历史和时代的必然选择（葛家澍等，2009、2010）。历史成本计量始于会计产生并沿用至今，而针对公允价值的研究则发轫于20世纪初。Paton（1918、1922）主张使用资产的市场价值而非资产的成本进行计量。Canning（1929）将经济学思维嵌入财务会计理论，主张依据期望收入（未来现金流量的贴现值）对资产进行计价。1975年12月，FASB（财务会计准则委员会，下同）正式发布了涉及公允价值的第12号准则《某些可交易证券的会计处理》。此后，学者逐步推进公允价值研究，集中体现在：一是通过实证方法关注公允价值对财务信息质量特征的影响，如价值相关性（Eccher *et al.*，1996；Barth *et al.*，2001；Barlev and Haddad，2003；Danbolt and Rees，2008）、风险相关性（Plantin *et al.*，2008）、可靠性（Khurana and Kim，2003；庄学敏和罗勇根，2014）等方面；二是讨论公允价值计量方法（谢诗芬，2008、2011；George，2008；Leggett，2015）。计量方式的选择决定了财务信息质量，而稳健性又是财务会计的重要信息质量特征。自证明稳健性的存在之后（Basu，1997），稳健性产生的原因（Watts，1993；2003）、稳健性的分类（Givoly and Hayn，2000；Beaver and Ryan，2005）、稳健性的计量（Beaver and Ryan，2000；Ball and Shivakumar，2005；Roychowdhury and Watts，2007）、盈余稳健性（李增泉和卢文彬，2003；李远鹏和李若山，2005；毛新述和戴德明，2008、2009）以及稳健性与企业行为（陈胜蓝和魏明海，2008；罗斌元，2014；周玮和吴联生，2015）成为学者关注的重点。上述研究为本书奠定了重要基础，但鲜有文献讨论会计计量与会计稳健性之间的关系。本书基于财产权利与现代会计理论，以产权保护为逻辑主线，讨论二元产权经济结构的计量基础选择问题，并从条件稳健性与非条件稳健性两方面剖析计量基础对会计稳健性的影响，旨在挖掘二元计量与稳健性之间的内在逻辑关系。

4.2 二元产权结构的形成

以是否直接基于实物资产为标准，现代市场经济可以划分为实体经济和虚拟经济两大部分：实体经济是指商品销售、劳务提供涉及的生产和流通等经济活动，是人类赖以生存和发展的基础；虚拟经济是指以股票、期货、债券等衍生金融工具为载体的资本交易活动，它依附于实体经济而发展；实体经济是虚拟经济的基础，决定虚拟经济能否健康发展；虚拟经济对实体经济具有反作用，健康有序的虚拟经济可以为实体经济提供资金来源，助推实体经济持续增长。实体经济与虚拟经济的相互配合是长期增长的必要条件。市场经济是“产权经济”已成为经济学家和法学家的广泛共识。产权是指围绕财产而内化的一系列权利束的总和，它包括人与物之间的经济权利关系以及人与人之间的经济权利关系（伍中信和曹越，2007）。产权也是一种受益或受损的权利。市场经济的特征是一种商品交换经济，而商品交换的前提是必须拥有明晰的产权。商品交换过程实际上是交易双方让渡产权的过程，正是权利的价值决定了商品的价值。因此，市场经济本质上属于“产权经济”。鉴于“市场经济 = 实体经济 + 虚拟经济”，且“市场经济 = 产权经济”，所以“产权经济 = 实体经济 + 虚拟经济 = 实体产权经济 + 虚拟产权经济”，即“产权 = 实体产权 + 虚拟产权”。由此形成“二元”产权结构。

虚拟经济的出现源于社会分工与技术的进步，其发展经历了闲置货币资本化、生息资本社会化、有价证券市场化、金融市场国际化和国际金融集成化 5 个阶段（成思危，1999）。在生产力低下、资源匮乏的早期原始社会人类的经济活动中，人类通过分工结成稳定的氏族公社，增强了抵御自然风险的能力，提高了生存能力。对自然的依赖及利用促使农牧业发展并分离成农业和畜牧业。工具的使用和生产技术的进步，促进了农业的发展和劳动生产率的提高，手工业逐渐与农业分离。第二次社会大分工出现了直接以交换为目的的商品生产（Engels，1884）。交换的发展使贵金属成为占优势的货币商品，并成为人们追求的重要目标。随着剩余产品逐渐增多，社会财富开始积累，此时社会经济形态属于典型的实体产权经济。生产力发展与生产技术进步使得人类征服自然和获取生产资料、生活资料的能力进一步增强。商品经济的发展使得铸币逐渐被纸币所取代，这成为实体财富虚拟化的又一新起点（崔祥龙，2014）。两次工业革命极大地解放了生产力，形成了高度专业化和复杂协作的生产方式即机器大工业生产，这需要大量的灵活的运营资金，催生了银行和其他金融中介机构，积累了大量社会剩余财富。存款、小范围流通的有价证券逐渐增多，虚拟产权经济开始萌芽与发展。第三次科技革命再次强化了金融创新和经济全球化进程，虚拟产权经济在资本市场上的存量和增量不断增加、流速不断加快，成为现代市场经济的重要组成部分。

4.3 会计计量模式演进及产权解释

4.3.1 会计计量模式

从会计历史演进过程可以看出，无论是记录行为的产生，还是单式簿记向复式簿记的转变，都源于产权结构的变化及对产权保护的需要（曹越等，2011）。会计的发展是反应性的，经济的转型引致产权结构的变化，会计制度也应作出相应调整。计量是会计的核心，会计计量模式的选择对于产权的界定和保护显得尤为重要。会计计量模式是对准则中起主导、基础地位计量基础的总称，可以分为历史成本计量模式、二元计量模式和公允价值计量模式。历史成本计量模式下的财务会计采用历史成本计量基础，强调“成本”，反映资产或者负债过去的价值；公允价值计量模式则采用公允价值计量基础，强调“价值”与“预期”，反映资产或负债现在和未来的预期价值；二元计量模式则是既采用历史成本又采用公允价值计量基础，两种计量模式并存。两种计量基础的主要差别是对后续计量的处理：历史成本计量基础在计量日一般不考虑资产或负债入账价值的变化，而公允价值计量基础在计量日一般需要按照公允价值重新计量资产或负债，并将重新计量形成的利得或损失计入当期损益或其他综合收益。公允价值是一种复合的计量属性，若历史成本、现值、重置成本、可变现净值的后续计量都可以反映计量日的市场价格，则属于公允价值计量基础，反之则属于历史成本计量基础（曹越和伍中信，2009）。会计的对象是产权价值运动（施先旺，2006），其异质性是选择计量模式时需要考虑的重要因素。实体产权与虚拟产权具有不同的特点且利益相关者有不同的计量需求，探寻与实体产权和虚拟产权相匹配的计量模式显得尤为重要。

4.3.2 会计计量模式演进

1929 年美国爆发经济危机，重要根源在于经济过度自由化导致必要的行业规范缺失，财务报表造假泛滥。1933 年罗斯福新政给整个美国经济带来了转机：经济方面一改过去的自由放任，采用政府干预的政策；会计方面则在

SEC的支持下，诞生了公认会计原则（GAAP），使得财务信息由无序走向规范。经济大萧条成为美国会计准则产生的导火线。GAAP重新确立了历史成本计量基础的主导地位。因为历史成本计量传递的信息是真实、客观的，相比胡佛时代的自由放任所带来的报表虚假以及审计失效而言，具有明显的优势。1938年至1960年，历史成本计量一直是美国财务会计的主要计量属性，鲜有诟病。

20世纪六七十年代，全球处于高通胀时期，历史成本计量模式暴露出越来越多的弊端：一是历史成本不能真实、全面地反映企业的财务状况与经营业绩，如物价变动显著时通货膨胀造成了虚盈实亏的假象；二是历史成本无法反映持有资产的利得，而资产的持有与占用变动是企业的重大决策，对监督和解除受托责任至关重要；三是历史成本仅提供历史财务信息（葛家澍，2009），难以提供面向现在和未来的有关企业经营业绩的预期，无法满足投资者决策的信息需求。于是，1978年FASB发布财务会计概念公告第1号（SFAC No.1）《企业财务报告目标》，将会计的首要目标界定为决策有用，创造性地将财务报表发展成财务报告，提出了“财务报告=财务报表+报表附注+信息传递的其他手段”的报告形式（葛家澍，2003）。在财务报表“表内确认”的基础上将信息使用者关注的会计政策选择、或有事项报告、物价变动信息披露、石油天然气储备信息以及管理当局讨论与分析等内容通过“表外披露”（附注、报表注释、财务报表附表和财务情况说明书等）予以报告。这种“表内确认+表外披露”相结合的方法拓展了历史成本计量基础的应用空间，化解了利益相关者对历史成本的质疑。到20世纪80年代，随着信息使用者对财务信息决策有用性的要求越来越高，加之金融创新使得衍生金融工具应用范围进一步扩大，证券市场投资者迫切需要会计提供反映企业现在和未来前景的财务信息。历史成本计量基础主要是反映过去的交易或事项，难以适应投资者着眼于现在和未来的信息需求，公允价值应运而生。FASB于1991年颁布财务会计准则第107号《金融工具公允价值披露》（FAS 107），用于衍生金融工具的表外披露。公允价值正式引入表内确认并作为一种计量属性是FAS 115号准则《特定债权和权益证券的会计处理》。在经历安然事件和2008年金融危机后，尽管公允价值引发质疑和反思，但美国SEC仍坚定地支持公允价值的使用并强化公允价值计量技术的可靠性。历史表明，过去单一的历史成本计量模式转变为历史成本计量基础和公允价值计量基础并存的二元计量模式，这是会计应对市场环境变化的适应性调整。

4.3.3 会计计量模式变迁的产权解释

经济学是研究稀缺资源的产权及其交换问题，核心是如何创建一套产权制度安排，使得资源配置效率最高。会计制度是产权制度体系的重要组成部分，在该体系中处于基础性地位，会计计量模式是会计制度的重要内容。会计制度的形成属于公共选择，是各利益集团之间博弈的结果。产权域秩序是不同的产权主体以其所投入的资源为依据而对分享产权界区内“价值流”和“权利流”的份额及比重进行冲突与协调的结果，是产权博弈过程中的动态均衡（伍中信和曹越，2007）。会计域秩序是针对产权域秩序中存量和增量财产权利的计量、反映及监督规则协调而成的一致意见（曹越和张肖飞，2013）。会计制度是会计域秩序中一致意见的制度化呈现。会计制度高度遵从会计域秩序，会计域秩序高度遵从产权域秩序，是会计准确界定产权和有效保护产权的必然要求。然而，产权域秩序是一种人类合作的自生自发的动态秩序，会计域秩序要实现对产权域秩序的高度遵从，须与产权域秩序保持同步调整，受限于一致意见的形成需要协调成本以及存在的时滞，会计域秩序偏离产权域秩序是一种常态，这是财务信息先天性失真的根源。会计域秩序受产权域秩序决定，也是一种自生自发的动态合作秩序。会计制度遵从会计域秩序的程度是判断会计制度有效性的重要标准：遵从度越高，会计制度越有效，个人收益率与组织收益率趋于一致，就越能促进生产性努力的增长；遵从度越低，会计制度越糟糕，个人收益率与组织收益率趋于分离，就越会引致分配性努力的泛滥。然而，会计制度的相对静止决定了其与会计域秩序的偏离在所难免，这是财务信息规则性失真的根源。随着时间的推移，会计制度就必须及时变迁以实现对会计域秩序和产权域秩序的高度遵从，确保有效性。

在会计诞生之初，历史成本计量模式以其客观真实、可稽核、易操作等优点得到广泛运用。但经济环境变化引发的通货膨胀、金融创新使得“产权域秩序”率先发生变化，尽管会计域秩序会吸纳产权域秩序变化的信息，但调整必然滞后于“产权域秩序”。相对静止的特点使得会计制度偏离会计域秩序引致的“公共领域”不断扩大，引发分配性努力等寻租行为。历史成本计量模式已经无法满足信息使用者的信息需求，财务信息丧失相关性，减损了财务会计的信任功能。公允价值计量模式成为弥补财务会计缺陷的必然选择，也是财务会计适应性变革的必然结果。公允价值进入表内确认是会计制度遵从会计域秩序和产权域秩序的必然要求，是提高会计制度有效性的恰当选择。尽管公允价值计量是面向现在和未来，具有很好的相关性，但是可靠性（如实反映）因为大量使用估计和判断引发计量的不确定性而遭受质疑。尽管如此，两种计量模式都有其优缺点，并存是一种理性选择，由此形成“二元计量”模式。如何协调两种计量模式是值得深思的重大课题。

4.4　二元产权结构与二元计量模式选择

实体产权与虚拟产权具有不同的特征，这决定了与其匹配的计量基础存在差异。厘清产权结构与计量模式的匹配原则，并合理修订现行会计制度，有助于充分发挥会计准确界定产权和有效保护产权的职能，使得个人收益率接近于组织收益率，进而促进生产性努力的增长，助推经济持续健康发展。下面将从个体特征、会计信息质量特征和成本效益三个维度讨论实体产权与虚拟产权的计量模式匹配问题。

4.4.1　历史成本计量模式：实体产权经济的最佳计量基础

实体产权经济主要指企业的经营性资产，如存货、固定资产、无形资产等，具有主导性、基础性、稳定性的特点。这些资产是企业赖以生存与发展的基础，也是一国经济增长的基础，在国民经济中处于主导地位。经营性资产具有稳定性，其使用、流转与处置均能有序进行，能够形成稳定预期，成为企业长期盈利能力的基础。鉴于此，对实体资产的准确计量显得尤为重要。那么，在现实的经济环境中与实体产权匹配的计量模式是什么？历史成本信息反映企业不可更改的事项（葛家澍，2011），具有以过去实际发生的交易为依据、计量结果客观稳定的特点。历史成本计量模式是与实体产权经济匹配的计量基础，原因在于：

一是个体特征维度。历史成本反映的是企业过去的交易和事项，其计量结果是真实客观、可稽核的。在经济运行正常的情况下，市场无异常波动，企业中的实体产权价值稳定，这一特点也与历史成本计量基础的计量结果客观稳定不谋而合。由于实体产权具有基础性的特点，信息使用者希望看到报表稳定而非变动的数字与资产结构。实体产权在现代市场经济中处于主导地位，是企业核心业务和生产能力的象征，经营者只需考虑如何利用这些资产去创造利润而非通过出售资产而获取利润。

二是会计信息质量特征维度。有用的财务信息必须具有相关性和如实反映的特征（para. 2.20）。相关性通过财务信息的预测价值（predictive value）和确认价值（confirmative value）来体现（para. 2.8）。虽然使用历史成本计量基础不能提供直观的价值预测信息，但并不能据此否定其预测价值。财务报告设计目的是为信息使用者评估报告主体价值提供所需信息，并非以直接报告主体的价值为目的（para. 1.7），即财务信息本身不需要通过预测来获得预测价值。过去的商品和服务的供应及资产的消耗中产生的信息可以被用作评估一个主体前景的投入需求、未来商品和服务供应中的现金流量或将要消耗的资产，因而信息使用者可以根据历史信息进行预测（para. 6.13）。如企业的经营性资产可划分为流动资产（如存货等）和长期资产（如固定资产、无形资产等）：（1）持有长期资产的目的主要是形成生产能力或满足正常的办公需求，并不直接贡献企业的现金流，对其按现行市价计量不能提供关于资产产生现金流的必要信息。但是，使用交易、资产消耗、资产减值、履行债务的相关信息却可以估算出企业现有资产的未来现金流量。（2）存货不能独立于其他资产，和存货有关的估值是通过过去的存货销售、销售成本及其他不断产生利润和损失的信息推断出来的，这些信息基于历史成本计量基础。存货能否顺利销售是有风险的，即使可以获得市场上同质或同类商品的报价，也无法从报价中反映销售环节存在的风险，更没有必要在每个计量日重新计量。即便采用公允价值在计量日重新计量，一般不会改变企业管理层针对存货（实体产权）的投资决策。同时，通过以历史成本计量的收入和支出对先前的估计现金流或预测的利润产生反馈，历史成本计量基础也具有确认价值。因此，按历史成本计量企业在用资产产生的损益比按公允价值计量资产产生的损益更具相关性和可理解性。如实反映的描述需要完整、中立和没有差错（para. 2.15）。历史成本计量以过去发生的交易和事项为依据，其初始成本会随着时间的变化因折旧摊销或减值进行调整，尽管这是一种估计，但其可以被清晰和精准地描述，同时估计程序的性质和局限性可以被解释，这种估计可以被认为是如实反映的。

三是成本效益维度。获取历史成本计量所需的信息简单、方便且易操作。据 FAS 157《公允价值计量》可知，公允价值适用于拥有活跃有序交易市场、能够取得可观察的公开市场报价的资产。然而，多数企业经营性资产没有与之对应的有序交易的公开活跃市场。即便是资本市场成熟的发达国家，也仅有证券市场、期货市场才能称之为公开活跃市场，交易的标的物主要是金融产品，非金融产品很少。没有活跃市场的存在，即便寻求到同质或同类资产也无法获取公允报价。鉴于此，实体产权公允价值需要通过估值技术去获得：一方面，利用不可观察的输入参数获得估值势必要采用估值技术。对于某些资产而言，估值模型的复杂性和估值人员的专业胜任能力使得同一资产的估值结果往往大相径庭，损害了财务会计的信任功能。即便是表外充分披露估值过程及参数选择，也会因为过于复杂而不符合财务报表具有可理解性的要求。更重要的是，单个资产的估值过程往往忽视了资产之间的协同作用（para. 6.46）。另一方面，获得公允价值的过程应是一种市场参与者行为，而非特定参与者行为。但是，FAS 157 规定第三级输入的最佳信息是特定主体所拥有的数据。因而，其他市场参与者无法验证估值结果的真实性与公允性，违背了“如实反映”的基本要求。即使用公允价值计量实体产权并不符合成本效益原则。综上所述，实体产权经济的最佳计量基础是历史成本。

4.4.2　公允价值计量模式：虚拟产权经济的最佳计量基础

虚拟产权经济以高流动性、非稳定性和高风险为典型特征。虚拟产权是指以股票、期货、债券等衍生金融工具为形式的虚拟资本的交易活动。高流动性表现在随着虚拟资本市场化、国际化、无纸化，虚拟产权经济在资本市场的流量与流速加快；非稳定性源于虚拟产权的虚拟性，虚拟产权是一种权利合同，其价值通过预期收益的大小及可靠程度决定，必须依赖于外界的资金交换才能维持相对稳定（成思危，1999），高流动性助推了非稳定性；市场的不确定性与复杂多变使得虚拟产权具有高风险性。高流动性和非稳定性加剧虚拟产权面临的风险。虚拟产权经济主要包括会计学上的金融资产，尤其是衍生金融工具。本书认为，虚拟产权经济的最佳计量基础是公允价值计量模式。原因在于：

一是个体特征维度。公允价值的特点是以若干假设为基础、允许估计、根据市场变化而不断调整价格（葛家澍，2010）。公允价值是通过市场活动得到的定价，虚拟产权的高流动性使获得可观察的活跃市场中相同或同质资产、负债公开标价成为现实。在资本市场上，衍生金融工具的价格是由市场多方博弈而产生的结果，一直处于变化之中，因而虚拟产权经济的非稳定性与公允价值不谋而合。尽管风险难以观测，但是基于一系列假设、条件及模型获取的公允价值实际上包含了风险，公允价值的变动反映了市场变化和企业面临的风险，从而可以为利益相关者的投资决策提供有用信息。

二是质量特征维度。相关性和如实反映是有用财务信息的基本质量特征。相关财务信息是指能够影响信息使用者决策的信息（para. 2.6）。公允价值强调“价值”与“预期”，是市场参与者依据自己的风险偏好针对某项资产或负债在未来期间的风险或现金流量的估计而产生的预测结果，具有预测价值；同时通过新的市场报价定期更新该项资产或负债的账面价值以确认利得和损失，即对之前的预测予以反馈与确认，具有确认价值（para. 6.28）。如衍生金融工具未来的现金流量和初始成本联系不够紧密，仅需投入少量资产后便可获得巨大收益亦或者巨大损失，其价值非成本和技术支撑而是由观念支撑的，即历史成本模式无法反映衍生金融工具包含的风险。相反，公允价值可以借助市场对风险的预估与判断预测并确认衍生金融工具的价值。公允价值计量能够提供与虚拟产权相关的财务信息。公允价值要求真实、公允，对虚拟产权价格变动带来的损益是平等、中立反映的，能够切实反映虚拟产权的风险。虚拟产权交易一般存在有序交易的公开活跃市场，通过第一二级估计①得到的报价（公允价值）可以得到合理验证，使得基于特定企业的第三级公允价值估计应用范围得到严格限制。整体而言，公允价值可以如实反映虚拟产权。

三是成本效益维度。历史成本计量模式能最大程度地呈现“已发生的经济真实”，最小程度地运用必不可少的“估计”（葛家澍，2009）。历史成本核算的是已发生的事实，显然获取真实、客观、可稽核的历史成本具有难度小、易操作的特征，成本最低。然而，运用历史成本计量虚拟产权时却无法及时向信息使用者提供与决策相关的财务信息，市场参与者可能因无法识别其中的风

① 公允价值是一种估计价格，FASB 在 FAS157《公允价值计量》中提出三级估计。一级估计为：可观察的活跃市场中相同资产或负债的公开标价，如交易所的开盘价、收盘价和中间价，拍卖市场的出标价和投标价等，相同资产或负债在活跃市场的公开标价；二级估计为：所观察的活跃市场中的同类资产或负债的公开标价，应用时需进行必要的风险调整；三级估计为：由企业按不可观察的、自行输入的变量如未来现金流量的折现值进行估计的价格。

险而作出逆向选择。因此，历史成本并不是虚拟产权计量的恰当选择。公允价值是一种估计价格，当经济运行稳定时，可观察的活跃市场是公开透明的。通过活跃市场的有序交易产生的公开报价获取公允价值也具有成本低、收益大的特点。当市场不活跃时，只能诉诸于第三级估计，该估计需要利用主体（企业）的输入值及估值技术（市场法、收益法和成本法等①）。企业只有在相关资产或负债不存在市场交易或者市场交易很少导致相关可观察输入值无法取得或取得不切实可行的情况下，才能使用不可观察输入值（一般为企业内部数据）来获取公允价值。利用第三级估计不可观察的收入值来获取虚拟产权公允价值的过程一般昂贵而复杂，主观性的增加降低了财务信息的如实反映性，减损了财务会计的信任功能。因此，准则规定，在使用第三级估计时，为了获取相对客观的公允价值，报告主体应当采用多种估值技术，并对估值过程及结果的不确定性、合理性的影响因素及影响程度予以披露。尽管采用第三级估计成本较高，但仍能提供有用的财务信息。值得注意的是，因为虚拟产权一般存在活跃市场，利用第三级估计的业务很少。因此，使用公允价值计量虚拟产权符合成本效益原则。综上所述，虚拟产权经济的最佳计量基础是公允价值。

4.5　二元计量与会计稳健性

会计稳健性源于市场经济和资本市场早期为保护债权人利益的制度安排，至今已有五百余年。它是会计确认与计量的传统和原则，是一种“国际惯例”。FASB 在 2006 年明确指出谨慎或稳健性不属于可取的财务报告信息质量，学术界对稳健性存废问题看法不一。为进一步分析计量模式选择对会计稳健性的影响，本书将会计稳健性可以划分为条件稳健性与非条件稳健性：前者

① 市场法是指利用相同或类似的资产、负债或资产和负债组合的价格以及其他相关市场交易信息进行比较，得到两者的基本特征修正系数或基本特征差额，在参照物交易价格的基础上进行修正从而得到评估对象价值的一类方法；收益法是先计算被评估资产经济寿命期内预期收益并以适当的折现率折算成现值，以此确定资产价值的一种评估方法；成本法是指以评估基准日的现行价格重新购买或自行制造取得被估资产并使之处于正常使用状态的全部成本及需承担的费用金额，是获得同样功能全新资产的全部投资额。

源于委托代理关系，指企业确认好消息和坏消息时的非对称行为（即及时确认坏消息，不确认或延迟确认好消息），如计量日实体产权后续计量计提减值准备但不确认升值，条件稳健性的存在可以增进债务契约、报酬契约和公司治理的有效性进而引起利益相关者行为改变（Ball and Shivakumar, 2006）；后者是应税收和管制需要而产生，指在取得资产或发生负债时就决定后续会计处理方法，如内部研发无形资产研究阶段的支出费用化、固定资产加速折旧法等，这些方法的采用会使企业资产的账面价值低于市场价值，一定程度降低了财务信息的有用性。条件稳健性又称事后稳健性，即当外部信息证实资产的价值发生改变时就需要调整其账面价值；非条件稳健性也称为事前稳健性，是指资产在取得之初就确定采用的会计方法，并未利用除该资产或负债以外的任何信息。两者的主要区别在于是否利用了外部信息。

4.5.1 历史成本计量与会计稳健性

历史成本计量是以事实为基础，强调成本。当纯粹采用历史成本计量时，资产的账面价值由初始确认到后续计量这段期间内是不会改变的。然而企业的生存和发展与环境密切相关，产权关系日趋复杂，加之财务信息受税率、通货膨胀率、物价变动指数等影响，资产价值改变是客观存在的。为了有效反映和控制产权经济关系，弥补历史成本计量缺陷、抵消过度乐观估计，会计制度引入稳健性原则对历史成本财务信息进行修正，如减值测试等。稳健性原则的引入一定程度上降低了历史成本计量的缺陷，提高了历史成本计量的适应性效率，进而确立了自身在财务会计中的重要地位。可见，历史成本与会计稳健性是相互依存、相互契合的。非条件稳健性主要是通过会计制度的强制性规定做到不多计资产和收益同时不少计负债和费用。这是一种事前的稳健，属于规则导向。非条件稳健性独立于外部信息（不考虑市场环境变化）的特点与历史成本计量的客观性不谋而合。条件稳健性则应用了资产未来价值的预期信息（如资产减值测试时都需要利用市场价格、现值等信息）。在二元计量模式下，历史成本计量适用于实体产权，若外部市场环境的变化使得实体产权价值偏离了入账价值时，就需要借助条件稳健性通过计提减值予以修正。值得注意的是，条件稳健性仅反映实体产权的减值但不反映升值，这种制度安排具有合理性，因为企业拥有实体产权的目的是创造营业利润而非获取处置利润，即反映实体资产升值并无多大意义。无差错、中立性和完整性是财务信息如实反映基本质量特征的三个次级特征。历史成本计量模式下，中立性由稳健性支撑。正如无差错不要求在所有方面完全精确，完整性不要求反映完整到事无巨细，中立性也并不意味着即时反映资产价值的变动。采用历史成本计量实体产权并引入条件稳健性来修正，也是中立性的一种体现。综上可见，历史成本计量基础与会计稳健性是相契合的。

4.5.2　公允价值计量与会计稳健性

公允价值强调决策有用，要求满计损益，财务信息具有预测和确认价值。公允价值计量以“决策有用”为目标，强调会计的估值功能；而会计稳健性以“受托责任”为目标，强调会计的信任功能。当然，表面上看，公允价值计量与会计稳健性完全相悖。但现实中，两者都有存在的价值：财务信息要达致“决策有用”的目标必须以先解除管理层的“受托责任”为前提，否则难以满足大股东的投资决策要求；会计的估值功能必须以会计的信任功能为基础，否则估值的准确性存在质疑。非条件稳健性源于会计制度的强制性规定，会计人员判断的空间偏少（如固定资产折旧方法选择、存货发出计价），主要应用于实体产权的计量上。这与公允价值计量主要适用于虚拟产权相悖，即非条件稳健性与公允价值计量相冲突。条件稳健性又称事后稳健性，需要借助外部信息并运用明显的证据来判断资产价值损失，及时确认减值损失，是以原则为导向的。条件稳健性既可以适用于实体产权，也可以适用于虚拟产权。就实体产权（如固定资产、存货）而言，当存在减值迹象时，需要进行减值测试。对于固定资产而言，减值测试的标准是“账面价值与可收回金额”，而可收回金额由“公允价值减去处置费用后的净额与未来现金流量的现值孰高”确定，即可收回金额的确定需要借助公允价值计量。同理，对于存货而言，减值测试的标准是“成本与可变现净值孰低”，而可变现净值确定的一般原则是“完工产品的预计售价 - 在产品到完工产品的加工成本 - 完工产品预计的销售税费”，“预计售价”的确定遵循“签了合同的按合同价，没有签合同的按市场售价”。这个“合同价”和“市场售价”也是公允价值计量的重要数据来源。即对于实体产权而言，条件稳健性是与公允价值计量相契合的。就虚拟产权而言，对于以公允价值计量且其变动计入当期损益的金融资产而言，不需要减值，即条件稳健性不适用；但是对于可供出售金融资产和持有至到期投资而言，当存在减值迹象时，需要进行减值测试，此类金融资产适用于条件稳健性。具体而言，可供出售金融资产减值测试的标准是“账面价值与公允价值孰低”，而持有至到期投资减值测试的标准是“账面价值与现值孰低”。鉴于现值的获取实际上是公允价值计量估值技术的一种运用，即可供出售金融资产和持有至到期投资的条件稳健性与公允价值计量相契合。综上可见，条件稳健性适用于实体产权和部分虚拟产权，与公允价值计量相契合；非条件稳健性适用于实体产权，与公允价值计量相背离。

上述分析表明：历史成本计量基础与会计稳健性相契合；公允价值计量基础与条件稳健性相契合但与非条件稳健性相背离。国际会计准则理事会若废除或淡化“会计稳健性”这一会计惯例，将使得国际财务报告准则体系难以成为正当会计行为规则，也会影响其国际趋同进展和准则实施效率。基于产权保护的理论逻辑，本书揭示了二元计量形成的必然性及其对会计稳健性的影响，为将“会计稳健性”这一国际会计惯例融入会计准则体系提供了可行路径。市场经济中具有不同特征的实体产权和虚拟产权并存形成的“二元”产权结构，决定了“二元计量”模式的形成：实体产权经济的最佳计量基础是历史成本，虚拟产权经济的最佳计量基础是公允价值。将稳健性划分为条件稳健性和非条件稳健性并结合计量基础的分析发现：历史成本计量基础与会计稳健性相契合；公允价值计量基础与条件稳健性相契合但与非条件稳健性相背离。因而，国际会计准则理事会保留“会计稳健性”的可行路径是：对于涉及实体产权的交易或事项，准则制定或修订过程中应采用历史成本计量基础，同时保留稳健性会计原则；对于涉及虚拟产权的交易或事项，准则制定或修订过程中应采用公允价值计量基础，同时采用条件稳健性原则，剔除非条件稳健性的规定。唯有如此，才能确保国际财务报告准则体系属于正当会计行为规则体系，从而为国际会计理事会构建一套全球公认的会计准则体系和实施国际趋同战略奠定坚实基础。[①]

---

① 本章与陈文瑞合作，发表于《财贸研究》，2016 年第 11 期。

第 5 章

产权保护、“三域”秩序与审计信息真实性

5.1 引　言

会计和审计都是产权结构变化的产物，是为监督企业契约签订和执行而产生的（Watts and Zimmerman，1983）。审计理论和实务的产生、发展和变革，追根溯源是为了体现产权结构，反映产权关系，维护产权利益（雷光勇和崔文娟，2001）。审计是在会计的基础上对产权进行再界定和再保护，它以超然独立的身份保护公众产权，侧重产权保护方面。审计信息失真是一个国际性、历史性的问题。审计合谋扭曲了资本市场“信号显示”与“信号传递”功能，导致资源配置“错位”，产权主体蒙受巨大损失，经济运行效率低下，加大了社会交易成本。“安然事件”，“银广夏事件”、“红光事件”及最近的“科龙—德勤事件”等，不仅给利益相关者造成了巨大的经济损失，而且还危及到审计职业的生存。因而，揭开审计信息失真之谜和治理审计信息失真一直是国内外会计界和审计界孜孜以求的重要课题。那么，审计信息失真的真正原因是什么？目前，单独从“程序理性”标准考察审计信息失真的文献很多，而真正将“结果理性”标准和“程序理性”标准结合起来全方位分析审计信息失真原因及其治理策略的文章则凤毛麟角。本书将从新制度经济学的视角，尝试着将“结果理性”标准和“程序理性”标准融合起来，通过构建“产权域秩

序”概念及“三域”机制，试图全面剖析审计信息失真的原因，探寻审计制度变迁的内外动因，并提出治理审计信息失真的策略。

5.2 审计信息真实性内涵：基于结果理性与程序理性的融合观

何谓审计信息失真？即我们首先应弄清楚什么是“真”，才能讨论“失真”。Simon（1978；1979）明确区分了理性的程序标准（即程序理性）与新古典经济学的实质性标准（即结果理性）。程序理性强调过程符合目标，而不在意结果；结果理性则强调结果符合目标，而不在意行为。简言之，前者注重过程，后者注重结果。产权经济学继承了新古典经济学中关于结果理性的标准，主张结果理性。众所周知，审计信息是审计师根据一定的审计制度生产出来的。如果审计信息是失真的，那它必然与审计信息生产的某个或所有环节相关。高质量审计准则是生产高质量审计信息的前提基础。可见，通常所说的审计信息失真中的“真”，就是程序理性观，而不是结果理性观。我们认为，这种程序理性观容易导致人们对现行审计准则盲目遵从，减弱审计制度变迁的内在驱动力。谢德仁博士（2000）通过对世界各国会计信息的现实考察，论证了会计信息真实性的内涵在于程序理性观，即遵循现行有效的会计规则制定权合约安排而生产出来的会计信息具有真实性；并认为，也许会计信息的真实性将来要奠基在“程序理性为主，结果理性为辅，两者相互促进”的观念基础上。由此可推知，谢博士对于审计信息真实性也会坚持“程序理性为主，结果理性为辅”。我们认为，谢博士将会计信息真实性的内涵定位于程序理性符合当前现实；但是，如果我们从经济学和法理学角度考察会计起源的产权动因，并将其拓展到审计及审计职业存在的理由两个层面，那么他的观点是值得商榷的①。

产权结构的多元化和复杂化使得各产权主体对注册会计师（以下简称

① 鉴于本书的主题，我们仅对以会计信息为载体的审计信息作一简单剖析。这种思路对“会计信息”的分析同样是适用的。

CPA）出具审计报告的依赖性逐渐加强。基于各自的立场，外部产权主体对审计质量的判定坚持结果理性标准，而 CPA 行业为了维护行业产权利益，坚持程序理性标准。法院基于对“公众利益”的维护而作出明显倾向于保护外部产权主体利益的司法判例。这都导致了审计主体（会计师事务所和 CPA）面临的诉讼案件急剧增加，审计职业声誉受到严重挑战。结果理性标准与程序理性标准之争分别对应于审计法律责任归责上的“无过错责任原则”和“过错责任原则”。法理学界认为，现代世界各国立法趋势，已逐渐由“过错责任原则”，趋向同时实行“无过错责任原则”。“无过错责任原则”建立在社会安全保障理论基础之上；它不以当事人的过错或不法行为作为承担责任的依据，而是以保障社会安全、保护公众利益为出发点；它跟据对社会造成的危害结果而承担责任，又称为“严格责任”、“公平责任”。当然，无过错责任原则只适用于财产责任（郭道晖，2005）。我国民法通则也采用了无过错责任原则。我们认为，无过错责任原则以保障社会安全，保护公众产权利益为出发点，这正是审计职业生存的根基。因审计信息失真而给投资者造成的决策失误，不论是主观意愿还是客观结果，都给外部产权主体造成了实质性损害，理应承担民事财产赔偿责任。如果因“客观结果”而不承担民事赔偿责任，从长远看来，审计职业将失去声誉，甚至失去存在的理由。审计缘起于私有制的产生和“两权分离”，涉及所有者、经营者和 CPA 三方的经典“三角形”模型凸显了审计对企业成长及经济增长的重要性。这表明，提供真实公允的审计信息以引导投资者正确决策是 CPA 的基本责任；反之，CPA 则应承担民事赔偿责任。所以，审计法律责任归责应坚持无过错责任原则，即以结果理性为基准。但是，审计执业过程（如抽样审计）本身就存在风险，这是客观存在的。所以审计归责也应参考过错责任原则。即以“结果理性为基准，程序理性为参考”。本书将审计信息真实性内涵定位于结果理性标准和程序理性标准的融合，从产权的角度去全面剖析审计信息失真的真正原因，以解开“审计信息失真”之谜。为此，我们需要从产权、会计和审计三个维度建立新的分析范式。

5.3 “产权域秩序”与“三域”机制：一种新的分析范式

本质上，经济学是研究稀缺资源的产权，一个社会中的稀缺资源分配是指将权利在资源的使用中进行分配；经济学问题其实就是在既定约束条件下，产权应该如何界定和交换的问题（Alchian，1967）。我们认为，资源稀缺是人们建立产权或对资源配置权利的基本条件。因为稀缺，人们才对建立排他性产权的成本与收益进行核算。产权是指围绕财产而内化的一系列权利束的总和，它包括人与物之间的经济权利关系以及人与人之间的经济权利关系。可以说，追求产权份额绝对量的增长是实现产权份额相对比重增加的重要途径。社会各产权主体之间将其拥有的资源进行投资，其目的就是通过提高自己产权份额绝对量的增长以提高或至少不降低其在社会总的产权份额中的比重。那么就单个产权主体而言，他将以个人利益最大化为价值取向。但是，这样整个社会将处于无序状态，产权主体之间非合作冲突摩擦会加大交易成本，降低经济运行效率。因此，为了减少共同的产权利益受损引致的个人损失，各产权主体就必须进行合作，而被迫放弃以个人利益最大化为价值标准的投资行为。这样，所有的产权主体就成为该合作投资的利益相关者，一种自生自发的投资秩序形成了，而隐藏在投资秩序背后的更为本质的则是一种伴生着“价值流”和“权利流”份额及比重的产权界区。我们称之为“产权域秩序”。产权域秩序是不同的产权主体以其所投入的资源为依据而对分享产权界区内“价值流”和“权利流”的份额及比重进行冲突与协调的结果，是产权博弈过程中的动态均衡；它体现了产权主体之间的权责利制衡关系，是一种产权安排；是一种自生自发的秩序，具有动态性。它也是一种由重复非合作博弈向合作博弈演进过程中个人理性与集体理性之间的博弈均衡。产权域秩序中的利益分配机制包括投资规模和投资结构两个决定因素。前者决定了产权域秩序边界的广延度（蛋糕本身的大小）；后者决定了各产权主体在既定投资规模下所分享“价值流”和“权利流”的比重（分到多少蛋糕）。

在产权的世界里，会计的本质是受托责任；会计的目标是认定和解除受托责任；会计的职能是界定产权和保护产权（伍中信，1998）。各产权主体投资形成的产权域秩序，在会计上如何反映，这就必然涉及计量问题。资产计价和收益决定是会计的两大主要问题。各产权主体在进行合作投资的前后，资产计价和收益决定是合作博弈的重要内容。为维持产权域秩序，我们认为，最佳的计量属性应该是价值计量，即采用未来现金流量的现值计量。而公允价值就是基于现值和价值的会计计量（谢诗芬，2004）。理论上讲，资产计价和收益决定应采用全面的公允价值计量。这是各产权主体之间由非合作博弈（冲突）转向合作博弈（协调）的基础。奠基于产权域秩序，各产权主体关于财产（资产）和收益计量及其相关信息披露等内容的产权博弈结果就自生自发地形成了会计域秩序。会计域秩序是利益相关者以其所投资的资源为依据而进行的利益冲突与协调的结果（吴联生，2003a）。其实，审计的本质也是受托责任；审计的目标是对出资者与经营者之间受托责任关系的再认定和再解除；审计的职能主要是保护产权。认定和解除受托责任需要会计与审计共同效力。会计规则是对经营者行为约束的重要组成部分，也是基础性的，但并非全部。大量的利润操纵案例表明，保护产权离不开审计。于是各产权主体为了达到切实控制经营者行为目的，监督和惩罚机制如何设置以达到维持会计域秩序进而维持产权域秩序，他们又需要进行互动。互动的结果是在以会计为基础的监督方面达成一致，这就形成了审计域秩序。审计域秩序就是利益相关者之间在审计监督过程中进行博弈所达到的纳什均衡（吴联生，2003b）。我们认为，产权保护的实质就是维持“产权域秩序”，以便各产权主体形成稳定的预期，因为产权的稳定性是产权效率的源泉。

总之，从“三域”秩序（产权域秩序、会计域秩序和审计域秩序）的形成逻辑看来，它们具有紧密的联系：一方面，产权域秩序是基础、是本原；会计域秩序和审计域秩序都是在产权域秩序的基础上构建起来的，是衍生的。另一方面，产权域秩序决定会计域秩序和审计域秩序；会计域秩序和审计域秩序又反过来维护产权域秩序；会计域秩序直接指导审计域秩序的建立。“三域”秩序都是自生自发的动态秩序。产权域秩序处于统驭地位，会计域秩序和审计域秩序处于从属地位；产权域秩序与会计域秩序、审计域秩序之间，以及会计域秩序与审计域秩序之间相互联结、相互影响、相互促进，形成了以产权域秩序为核心的互动机制。我们称其为“三域”机制。产权域秩序与“三域”机制是以结果理性标准为指导思想建构的，它们为全面分析审计信息失真提供了一种新的分析范式。

5.4 审计信息失真缘起：先天性与现实性视角

5.4.1 审计信息先天性失真：审计域秩序与产权域秩序论说

由于人的有限理性和客观环境的复杂性，初始会计域秩序与初始产权域秩序的偏离在所难免。即便两者完全吻合也仅仅是短暂的、转瞬即逝的。产权域秩序中“价值流”和“权利流”是在时刻变动的，因而产权界区也在不断变化。相比之下，会计域秩序中关于财产（资产）计价和收益计量等内容的变化就具有相对的稳定性。两者变化速度快慢的差异决定了后续会计域秩序偏离产权域秩序也是必然的。审计域秩序是以会计域秩序为基础而直接构建的。尽管从后续层面来讲，它们变化速度的步调基本一致①，但初始层面人类有限性及客观环境的复杂性，加之审计监督受成本—效益原则约束，决定了审计域秩序对会计域秩序的偏离不可回避。以会计域秩序为中介，审计域秩序对产权域秩序的偏离也在所难免，它属于“二次偏离”，并且其偏离程度是上述两种偏离的叠加。

审计域秩序对产权域秩序的偏离导致了审计信息的先天性失真。它是现实中审计信息失真的重要组成部分。偏离度越大，先天性审计信息失真越严重。传统审计信息失真受制于程序理性观制约，完全忽略了先天性审计信息失真。但在结果理性观看来，我们必须高度重视审计信息的先天性失真。因为它是现实中审计信息失去引导正确投资决策、引导资源优化配置的重要根源。随着人认知理性的不断进步和审计技术的不断发展，审计域秩序对产权域秩序的偏离度将不断缩小，审计信息先天性失真也随之减少，审计信息质量也就有了先天保障。可见，我们从结果理性标准的角度对审计信息失真进行了考察，惊奇地

① 因为从现实准则的变迁来看，会计准则变化一般也要求审计准则同步变化，这些变化的背后实质上是会计域秩序和审计域秩序的变化，其步调基本上是同步的。

发现了审计信息失真的新领域——先天性失真领域。这是一种经常被忽略的信息失真，但它在理论上却是十分重要的。它拓展了审计信息失真新的研究领域，对推动审计技术发展，完善各项配套改革措施，解放和发展“审计生产力”具有重要意义。它表明，审计不仅有其社会属性，还具有自然属性。审计是与一定的生产力水平相适应的，它在实现自己“历史使命”的过程中也有力不从心之处。我们应对其给予合理的期望而不应是过高的期望。毕竟它受限于特定时期的生产力水平，它不能违背生产力发展规律。

5.4.2　审计信息现实性失真：审计制度与审计域秩序论说

会计域秩序、审计域秩序都属于理论层面，现实中它们均需通过制度化的方式表现出来，即会计制度和审计制度。会计规则（会计制度）是以会计域秩序为基础的人为制造的秩序，因此按照会计规则所产生出来的会计信息，其是否具有真实性的特征，就应该以它与会计域秩序的一致性为标准（吴联生，2003a）。以现行会计制度为重要参照的审计制度是以审计域秩序为基础的产权制度安排[①]。那么，依据审计制度产生审计信息的真实程度取决于它与审计域秩序的吻合程度。对审计制度的制定者而言，知识的相对性、人的有限认知理性和“寻租”等因素决定了审计制度对审计域秩序的偏离在所难免。虽然审计域秩序是各产权主体利益冲突与协调的结果，审计信息严格遵循审计制度而产生，但并不意味着生产的审计信息一定是真实的；相反，它却一定是失真的。这归因于审计制度与审计域秩序一定是不完全吻合的。这种不完全吻合是审计制度本身造成的，我们称之为“规则性失真”。它是审计制度变迁的内在驱动力，是根本原因，是审计信息现实性失真的主要根源[②]。

审计制度对审计域秩序的偏离决定了审计制度所界定（再界定）的产权利益边界与人们正当利益边界（产权域秩序）的不一致。这种不一致必然导致一部分产权利益留在“公共领域”，成为“共有财产”，也就存在着“可挤占性租金”，攫取它需要耗费资源。这种“公共领域”越大，表明审计制度本身越不稳定。当技术或需求的变化使共同所有的资源比过去价值更高时，共有

---

① 由于会计域秩序和审计域秩序本质上都是维持产权域秩序的，所以会计制度和审计制度本质上都是产权制度。

② 吴联生（2003）曾提出会计信息失真的“三分法”，即将会计信息失真区分为规则性失真，违规性失真和行为性失真。

权利体系中的不稳定性会变得特别突出（Alchian and Demsetz，1973）。在现存审计制度下，只有付出巨大的交易费用，其影响才能度量出来。产权越稳定，就越能为产权主体的行为结果提供一个合理而又稳定的预期，产权效率就越高。反之，产权越不稳定，就越容易受到“入侵”，界定产权和保护产权将花费更大成本，产权效率就越低。这种“入侵”主要是寻租引致的。而寻租又根源于“设租”。由于知识的相对性和人有限认知理性在一段时期内具有相对稳定性，现实中规则性失真的主要原因在于审计准则制定者在制定准则时就已“设租”。审计“设租”是指准则制定者利用审计准则制定权，主宰审计准则制定，形成模糊的利益区，从而留下分配性努力①获利空间的行为。它可分为主观设租和客观设租两大类。审计主观设租是指特定的利益集团游说准则制定者，制定有利于该利益集团而损害其他利益相关者审计准则的行为。审计主观设租恶化了审计准则本身的科学性，人为主观地加大了审计制度对审计域秩序的偏离。审计客观设租是指准则制定者站在公众利益的立场上制定审计准则，由于有限理性和环境的复杂性，准则界定（再界定）的产权利益边界与人们正当利益边界不一致而留下的模糊利益区。审计客观设租直接导致了审计制度对“审计域秩序”的偏离，最终导致了审计制度对“产权域秩序”的偏离。这两种制度层面“设租”比执行过程中具体人员的造假（寻租表现）会带来更为严重的社会后果：它给“审计寻租”提供了利益空间，提供了制度庇护，使“审计寻租”合法化；加大了审计制度运行的交易费用。审计合法寻租越激烈，表明审计信息规则性失真越严重，审计制度变迁的驱动力也就越强。审计制度变迁②可以缩小审计制度对审计域秩序的偏离度，减少信息的规则性失真，从制度层面提高审计信息质量。

我们认为，审计信息现实性失真存在“三分法”：规则性失真、违规性失

① 盛洪（2003）认为，人若追求自己的利益，必须进行努力。一般来说，努力有两种形式。一种是生产性努力，一种是分配性努力。生产性努力即一个人为了获得收入而进行的创造新财富的活动。在其他人的情况不变的条件下，一个人生产性努力的结果是社会总财富的增加。分配性努力即一个人将别人已有的财富转变为自己的财富的活动。在其他人的情况不变的条件下，一个人分配性努力的结果是社会总财富的不增加、甚至减少。具体请参见：生产性努力的增长——论近现代经济发展的一个原因. 载盛洪主编. 2003. 现代制度经济学（下卷），第1版，北京：北京大学出版社，228～242。

② 本书的审计制度变迁应该理解为为了更好地维护“公众利益”而对原有审计制度的重大弥补或变革。

真和行为性失真[1]。其中违规性失真是审计人员利用投资者信息不对称劣势与管理当局合谋而引起的，它是审计非法寻租的重要表现；行为性失真的根本原因在于人类有限性，如疏忽大意、过于自信、智力因素和非智力因素等，它是审计人员自身缺陷引致的。审计信息现实性失真的“三分法”全面透视了现实中审计信息失真的全貌。传统审计信息失真分析仅仅局限于现实性失真中违规性失真和行为性失真两个方面，忽略了极其重要的规则性失真，难以全面把握审计信息现实性失真和审计制度变迁的原因。我们对审计现实性失真的考察坚持的是结果理性与程序理性的融合，侧重的是规则性失真。而违规性失真和行为性失真则主要是从程序理性标准去探讨的[2]。

总之，基于结果理性与程序理性的融合，审计信息失真应分为先天性失真和现实性失真两方面。其中先天性失真及现实性失真中之规则性失真是基于结果理性标准的，而现实性失真中的违规性失真和行为性失真则主要基于程序理性标准。审计信息先天性失真缘起于审计域秩序对产权域秩序的偏离，而现实性失真则主要缘起于审计制度对审计域秩序的偏离。审计信息先天性失真体现了审计的自然属性，而现实性失真则体现了审计的社会属性。这两方面完整地解开了“审计信息失真”之谜。它表明，现实中 CPA 提供的审计信息真实性是由信息自身的“真实”程度（主要受制于人的认知理性和审计技术水平，又称生产力因素）及信息产生过程中对现有审计制度的遵循程度共同决定的。而在传统的程序理性分析中，则完全忽略了先天性失真，很大程度上忽略了现实性失真中的“规则性失真”。这样，法学界与审计学界关于审计法律责任归责原则之争就不足为怪了。这也从侧面论证了我们主张的审计归责原则（无过错责任原则为基准，过错责任原则为参考），是基于结果理性与程序理性的融合观，并从审计职业长远发展和审计方法局限性的角度提出的；是经济学家、法学家和审计学家三方比较理性的现实选择，是一个博弈均衡解。

---

① 这同吴联生（2003a）会计信息失真的“三分法”相类似。

② 鉴于许多学者已进行了诸多论述，本书不再赘述。

5.5 治理审计信息失真新策略："分而治之"

审计信息先天性失真和现实性失真是两种不同层面的失真。对先天性失真而言，在短期内我们无法对它施加有效的影响，它主要依赖于人认知理性的进步和审计专业技术的不断完善。这需要较长的时间周期。影响先天性失真的客观因素还有：经济发展水平，制度完善程度，信誉机制重建，科学教育水平和民族文化特性等。社会越文明，产权思想越盛行。我们应该用产权保护的理念去缩小审计域秩序对产权域秩序的偏离，减少审计信息的先天性失真。这是一个系统工程，需要各界共同奋斗。审计信息现实性失真分为：规则性失真，违规性失真和行为性失真。首先，现实性失真的主要根源是审计制度对审计域秩序的偏离所导致的规则性失真。前文已述，规则性失真的主要原因在于审计准则制定者在制定准则时就已"设租"。它分为主观设租和客观设租两大类。对审计主观设租而言，在一个民主而又文明的国家，通过集体行动的逻辑是可以遏制的。我们要坚持相关制度相互协调、综合治理的思路，发挥稳定合作协调的功能，用制度体系进行综合治理，以至消除主观设租这一"权"到"钱"的交易，从源头上减少审计信息规则性失真；对审计客观设租来讲，我们要正视它的客观存在，从整体上及时把握"审计域秩序"和"产权域秩序"的变化，审时度势推进审计制度变迁，缩小"设租"空间，从源头上提高审计信息质量。其次，审计违规性失真是审计寻租的重要方面（非法审计寻租），它是寻租者在违法（违规）情况下，根据寻租收益大于寻租成本原则而实施的分配性努力活动。我们一方面要严厉打击非法审计寻租活动，增大寻租成本，直接减少违规性失真；另一方面，针对非法审计寻租的激烈程度，适时推进审计制度变迁，使寻租成本大于寻租收益从而间接减少违规性失真。最后，我们要加强对审计人员的职业道德教育、理论教育和技术教育，增强审计风险防范意识，提高专业判断能力，减少审计信息行为性失真。①

---

① 本章发表于《会计研究》，2007年第12期，人大复印资料《财务与会计导刊》全文转载。

第 6 章

产权优化、会计功能与剩余公司治理

6.1　基本缘起与理论基础

6.1.1　企业产权契约理论

现代企业理论认为，企业是一系列（不完全）契约的有机组合，是人们之间交易产权的一种方式。企业的本质是用要素市场取代产品市场，其与市场的不同只是一个程度问题和两种不同的契约安排形式（Cheung S，1983）。企业是一个人力资本与非人力资本特别合约（周其仁，1996）。由于某种程度的有限理性或者交易费用，使得现实中的契约是不完全的（incomplete）。契约不完全的原因可以概括为三类成本：一是预见成本；二是缔约成本；三是证实成本（Tirole J，1999）。企业产生在人们无法拟订完全合同，从而权力或控制的配置变得十分重要的地方（O·哈特，2006）。现代企业理论奠基于合同的不完全性。合同不完全导致产权的初始配置和后续调整对效率有重要影响。产权优化的要义就在于提高产权效率。因为合同不完全，才有了"产权优化"、"剩余公司治理"、"公司动态治理"范畴[①]。总之，企业产权契约理论是产权

① 完全合同存在于零交易费用的世界里，由 Coase Theorem 可知，不管产权如何安排都是有效率的，也就不存在"产权优化"、"剩余公司治理"和"公司动态治理"范畴；而现实是正交易费用的世界，合同是不完全的，所以才存在上述范畴。

优化的重要基础。

6.1.2 通用公司治理与剩余公司治理

陈汉文等（2005）从国家、股权结构与诚信的角度将公司治理分为基于社会公正的通用公司治理范畴和基于公司效率的剩余公司治理范畴，创新性地提出公司治理在本质上是一个二元价值体系，在实践上表现为社会公正和公司效率的并行与平衡。通用公司治理的价值取向是社会公正，属于事前公共契约安排，具有确定性、一般性和普适性，如《公司法》、《证券法》和《破产法》等等。同时由于契约的不完备性，给公司治理留有很大的选择性空间，使得剩余公司治理成为可能，主要表现在公司内部治理机制上，如公司章程的制定、股东大会的议事规则等等。通用公司治理在于保障一种抽象的整体秩序，确保剩余公司治理范畴内的投资者可以获得他们各不相同的并在很大程度上属于未知的特定目的，以使不同人的意图不发生冲突，而剩余公司治理则诉求于特定公司个体的经济效率目的。罗能生和洪联英（2004）认为，现代公司治理的健康运作需要融入人力资本产权，实现人力资本产权优化，而人力资本产权优化又需要在公司治理的动态特性中去把握。公司治理因缘于产权关系及产权功能，是产权关系和产权功能在公司层面的自然延伸和具体体现，是产权优化的客观要求。公司治理（尤其是剩余公司治理和公司动态治理）与产权优化之间具有紧密关系。

6.1.3 公允价值会计计量理论

财政部2006年发布的39项企业会计准则和48项注册会计师执业准则，标志着适应我国市场经济发展、与国际惯例趋同的企业会计准则体系和注册会计师审计准则体系的建立，其突出特征是公允价值的引入，主旨就是与国际惯例趋同。现实中企业价值创造与价值管理目标的实现必须依赖基于“价值”的会计计量。企业活动的正常运转和企业关系的正确处理迫切需要会计提供“真实、公允的会计数据”，即价值信息。而公允价值会计计量就是基于价值和现值的会计计量（谢诗芬，2004）。对财产实施全面的公允价值计量后，理论上的“价值”与现实中会计界定的“价值”将无限逼近或相等。会计计量基础由历史成本转向公允价值，特别有利于发挥会计功能。公允价值会计计量理论为产权优化和剩余公司治理奠定了计量基础。

结合上述理论基础，本书将按以下逻辑展开：首先文章将提出和解读企业产权优化命题；在此基础上探讨会计在微观市场经济中具有的界定产权和保护产权功能，从而为产权优化提供坚实的计量基础；最后，本书将分析产权优化的集中领域，为其在公司层面的贯彻实施提供重要参考。

6.2　产权优化与会计功能

6.2.1　企业产权优化：提出与解读

产权优化是指在既定条件下，明确界定各产权主体的责、权、利，使三者相互制衡，并以此为原则进行产权的动态配置，以达到既能维持现行契约，又能使现存产权主体分享企业剩余的边际效用不递减，是一种不断向帕累托最优边界迈进的暂时满意的均衡状态。维持该状态的途径是责权利制衡条件下剩余控制权和剩余索取权之对称配置。产权优化的关键是维持“产权域秩序”[①]，主旨是产权保护，尤其是对“弱势产权”[②] 的保护。产权优化的终极目标是准确界定各产权主体的责、权、利关系，并随着客观环境的不断变化及时地加以调整以达到动态优化，从而提高企业效率。

由于受“物质资本强权”和“股东至上主义”思潮影响。目前，人力资本产权在企业中仍属于“弱势产权”，而物质资本则属于“强势产权”。因而，从维持“产权域秩序”来看，现阶段产权优化的重点是人力资本和物质资本的产权博弈。随着知识经济的到来，人力资本将成为经济发展的根本动力。根

---

① 产权域秩序是不同的产权主体以其所投入的资源为依据而对分享产权界区内价值流、权利流份额和比重进行冲突与协调的结果，是产权博弈过程中的动态均衡；它从各自的产权份额中体现了产权主体的权责利制衡关系，是一种产权安排；它是一种自生自发的秩序，具有动态性；它是重复非合作博弈向合作博弈演进逻辑下的精炼贝叶斯纳什均衡。产权保护的实质就是通过准确界定产权，维持“产权域秩序”。相关论述请参见：伍中信，曹越，2007。“产权保护、‘三域秩序’与审计信息真实性”，会计研究，12：83～84；伍中信，张荣武，曹越，2006。“产权范式的会计研究：回顾与展望”，会计研究，7：83～89。

② 我们认为，“弱势产权”是指本应属于特定产权主体自身份额的部分容易全部或部分地被其他产权主体攫取。“强势产权”则与此相反。

据契约是否完备，产权可以划分为特定产权和剩余产权。前者是指完备契约准确规制的明晰产权，具有相对稳定性；后者是指因不完备契约无法规制的处于“公共领域”的模糊产权，具有不确定性。在现实生活中，产权先于交易，即界定明晰的特定产权是市场交易的前提，其价值取向是公平；而剩余产权的合理配置却是公司内部交易和市场交易的重要内容，其价值取向是效率。人力资本产权也包括特定产权和剩余产权，由于已达成的特定产权相对明晰，具有实际意义的就是剩余产权，即人力资本所有者对企业剩余控制和剩余索取的权利。人力资本产权主体具有人力与其载体天然不可分离、只能激励无法压榨的产权特征，该特征表明，现代公司治理的健康运作需要融入人力资本产权，实现人力资本产权的优化，而这又需要在公司治理的动态特性中去把握。公司动态治理，即治理主体不拘泥于现成的组织结构和制度安排，是在竞争的市场机制中通过利益主体的产权博弈运动达到最有效率的动态均衡治理过程。如何激励人力资本所有者长期而有效的创新行为，成为现代企业制度安排所需要解决的主要问题，而其最佳的制度安排就是让人力资本所有者与物质资本所有者共同拥有企业的所有权（即剩余索取权），参与企业的收益分配，比如实施人力资本股权化。在公司治理中，物质资本产权主体与人力资本产权主体，一方面相互协作，彼此间进行产权交易，发挥着不同的功能和作用，各自承担相应的义务，两种资本协同使用才产生了企业剩余；另一方面，企业剩余如何在两者之间进行分配，贯彻“效率优先、兼顾公平”原则，两者作为产权主体又有不同的利益要求，每一方都极力争取和维护自己的利益，于是凭借自己的产权地位和谈判能力的产权博弈运动开始了。两种资本所有者之间的重复产权博弈运动推动着企业产权优化。

6.2.2 会计功能：界定产权与保护产权

产权理论的核心就是研究如何通过界定、变更和安排产权来降低交易费用，提高经济运行效率，从而优化资源配置。纪坡民（2001）认为，产权是一个范畴；或者说产权是一门“民法学”学科。我们认为，民法是对“权利法案”的具体化，保护产权是民法的核心，民法的基本原则是对“权利法案”精神的贯彻。产权效率体制具有三大标准：产权的普遍性、产权的排他性和权利的可转让性（Posner R A，1972），它们又内在孕育着产权的稳定性。如果人们不能获得投资收益，他们将不再投资，因而投资者产权保护是最基本的、最重要的（Simon *et al.*，1999）。洪银兴（2007）认为，产权保护有两个层次：一是市场的自动保护；二是在市场保护失效时由政府保护。产权保护的具体体现是等价交换原则与平等竞争的权利。

我们认为，只要存在正交易费用，由市场来自动保护产权难以真正实现，还必须依赖于一系列的制度（规则）安排；实践中产权还须由国家来保护。作为市场经济国家，国家保护产权主要靠法律制度。产权保护依赖于产权的明晰界定，那么界定产权的方式有哪些？一般而言，可由市场交易、企业和政府（法院）来界定产权。其中，市场交易界定产权是通过交易双方进行讨价还价达成协议而实现的；企业界定产权是通过横向一体化实现的；而法院则是通过裁决的方式实现产权界定（刘伟和李风圣，1997）。从法律上界定财产所有权有两方面的含义：一是所有者是自由地行使其财产权利的，法律不能禁止或强求所有者行使这些权利；二是其他人是不能干涉所有者行使其权利的（罗伯特·考特等，2002）。国家依据法律对违约并造成另一方产权损害的一方以惩罚和赔偿，这是保护产权的重要途径。

可见，界定产权是为了保护产权。那么，交易双方讨价还价的依据是什么？是价格；横向一体化能够实施的依据是什么？是买价；法院裁决的依据是什么？是法律、惯例。康均（2005）认为，在人类社会的发展进程中，对产权的保护主要表现在两个方面：一是通过建立和完善法律制度体系，对产权予以权利保护；二是发展和完善产权会计[①]对产权进行价值维护。康均博士强调了会计计量对产权保护的重要性。我们发现，在市场经济中，会计界定产权和保护产权是微观层面的，且在整个产权保护导向的“和谐社会”体系中处于基础性地位。会计的职能一是界定产权，二是保护产权。其中会计核算在于认定或确认产权关系，反映产权结构的变化，并将结果输出给外界各产权主体，其功能兼有界定产权和保护产权双重含义。会计监督职能则是对会计的界定进行再认定，这种再认定的过程便是为了检查：（1）是否按既定的契约（制度）进行界定；（2）界定好的产权结构是否遭到了破坏，某一产权主体的利益是否被他人所侵蚀，因而会计监督的功能主要在于保护产权（伍中信，1998）。

---

① 所谓产权会计，就是以产权维护为对象，运用专门的会计方法，对各个产权主体的产权构成具体内容及交易过程中的增减变动进行连续、系统的核算和监督的一项专业管理活动，它是产权主体为维护与保障自身财产权益所采取的重要措施之一。参见：康均：《产权会计史研究》，中国财政经济出版社 2008 年版。

产权经济学家强调通过法律来界定产权和保护产权。法院判决过程中，为了确定损害赔偿金额，往往需要会计提供基础层面信息。我们认为，法律主要从宏观层面界定产权归属进而界定产权和保护产权，并且容易违背公平与正义的法精神，导致严重的经济与社会后果；而产权会计突出了对“绝对产权”与“相对产权”平等地位的关注并将其量化为产权份额，以产权份额为依据来界定产权归属将更加准确可靠[①]。产权会计通过量化、界定产权直接地对产权进行价值保护，从而间接地实现对产权的权利维护。整体而言，产权会计对产权的界定和保护是微观层次的、基础性的；而法律对产权的界定和保护却是宏观层次的、总括性的。前者侧重效率，后者侧重公平。我们认为，为弘扬法的公平、正义精神，法律界定产权与保护产权应以产权会计提供的真实公允的量化信息（会计信息）为重要依据，从而遏制社会分配性努力，促进社会生产性努力的增长。市场交易讨价还价，产品“价格”（价值）度量也需要成本会计核算提供基础信息。可见，经济学家和法学家眼中界定产权的方式都离不开会计计量提供的价格（价值）信息及其背后的权利信息。

客观上讲，由于财产属性很复杂，测定每种属性都要付出成本，彻底界定产权的代价就过于高昂，因此产权从来不可能得到充分界定（Y. 巴泽尔著，1997）。这种未被充分界定的财产就被搁置在“公共领域”，形成“共有财产”。“共有财产”的存在必然形成共有权利结构。当技术或需求的变化使共同所有的资源比过去价值更高时，共有权利体系中的不稳定性会变得特别突出（Alchian *et al.*，1973）。未被明晰界定的产权（财产）进入“公共领域”，由于不具有排他性产权特征，从而使他人受益或受损的权利和责任未被界定清楚，这就形成了外部经济与不经济（谢德仁，2001）。这样，攫取“共有财产”的产权主体就成为“强势产权”主体，能够分享“外部经济”（将属于自己的部分和本属于他人的一部分内部化）；而无缘“共有财产”分享的则成为“弱势产权”主体，承担“外部不经济”的损失。会计通过对产权的准确

---

① 新制度经济学家弗鲁博顿和芮切特（2006）认为，绝对产权（absolute property）是指特定的个人（权利人）针对所有其他人（责任人）的要求权（claims）。它主要是指有形物品的所有权。因为有形物品的所有权能够由其所有者排他使用且可以清晰地予以界定。相对产权（relative property）是指一个特定的个人（权利人）针对一个或一个以上的其他人（责任人）的要求权。参见：（美）埃里克·弗鲁博顿，（德）鲁道夫·芮切特著；姜建强，罗长远译，《新制度经济学：一个交易费用的分析范式》，上海：上海人民出版社 2006 年版，98 ~ 160。

界定，能够最大限度地将“外部性”问题内部化。企业产权优化的真正实现，离不开会计功能的充分发挥。产权保护的核心就是准确界定产权①。会计依托界定产权和保护产权的两大基本功能，从微观层面为企业产权优化奠定坚实基础。

6.3　剩余产权与剩余公司治理：企业产权优化之集中领域

企业产权优化需要借助公司治理来实现。公司治理的改善有助于企业产权优化。公司产权可以分为基于完备契约的特定产权和基于不完备契约的剩余产权。特定产权以公平为价值取向，而剩余产权以效率为价值取向。有关“特定产权”和“剩余产权”的划分为考察企业产权优化提供了重要借鉴价值。由于产权优化的终极目标是提高公司效率，这与剩余产权的效率价值取向具有同一性，因而剩余产权界定及其配置必然成为产权优化的集中领域。而特定产权契约是完全的，不存在优化问题。此外，特定产权主要处于通用公司治理领域，而剩余产权则主要处于剩余公司治理领域。因而，剩余产权和剩余公司治理是产权优化的集中领域。

作为外生制度的通用公司治理要为作为内生制度的剩余公司治理提供合理稳定的公平预期。因公司治理效率在很大程度上取决于剩余公司治理是否完善及有效实施。剩余公司治理的有效实施能够确保各种投资者通过通用公司治理形成合理预期，进而有利于内生规则的良性运转。事实上，正是由于法律的目的在于提供规则以形成人们的合理预期，而剩余公司治理又是在不违背通用公司治理的前提下遵循基于股权的强势原则，因而，在法律等通用公司治理范畴缺乏对保护投资者（特别是处于弱势的中小投资者）的强制规定时，通用公司治理就显现出其功能性缺陷，无法形成对剩余公司治理中参与各方的阻吓作用，导致平衡的二元价值体系倾向于强势产权主体，无法有效保护处于弱势的

① 有关产权保护与会计之间关系更为详细的论述，请参见：曹越、伍中信：“产权保护、公允价值与会计改革”，《会计研究》，2009 年第 2 期，28 ~ 34。

中小投资者的利益，从而使社会资源配置效率低下。

剩余公司治理也要遵循体现社会公正的通用公司治理，最大化企业组织租金创造。然而，现实中大股东倾向于剩余公司治理，剩余公司治理为大股东提供了操纵公司的更多机会，中小股东为保护自己的利益则倾向于通用公司治理。所以，为平等地保护各相关产权主体的利益，公司必须在不违背通用公司治理的前提下进行剩余公司治理，也就是说剩余公司治理是以公平公正为前提，侧重效率。

通用公司治理中契约是相对完备的，产权界定已比较明晰。剩余公司治理中的契约是很不完全的，其产权无法得到明晰界定或得到明晰界定的成本高昂以致事实上并不可行，因而产权是模糊的，存在着大量的“公共领域”。因“公共领域”而产生的“共有财产”无明确归属，形成“可挤占性准租金”，它严重偏离了先前投资者形成的“产权域秩序”。这部分“可挤占性准租金”主要由“强势产权”主体占有，“弱势产权”则无缘分享，这时产权优化对保护相关产权主体（投资者）利益就尤为重要。当然，依赖会计的产权界定功能，我们可以不断缩小与“产权域秩序”的偏离度。产权优化可以在会计准确界定产权的基础上，通过调整“共有财产”的合理分配而实现。而通用公司治理之产权契约是相对完全的，产权界定比较明晰，因而其与“产权域秩序”基本上是吻合的。可见，剩余产权和剩余公司治理的突出特征就是动态调整。这表明，剩余产权和剩余公司治理担负着创造最大化企业剩余的使命，并且根据关系性契约对“剩余财产”（主要是“共有财产”）归属与分配进行动态调整，以达到产权优化目的。①

---

① 本章与张荣武合作，发表于《中南财经政法大学学报》，2011年第4期。

第 7 章

产权保护、公允价值与会计改革

7.1　问题缘起

回首改革话沧桑，产权保护定基调。从 30 年经济体制改革的历程可以看出，我国经济体制改革从高度集中的计划经济体制开始，经历了以社会主义公有制为基础的有计划商品经济到以公有制为主体、多种所有制经济共同发展的基本经济制度的重大转变。明晰和保护产权（尤其是“弱势产权”）已经成为我国社会主义市场经济体制改革过程中的重要价值取向，也是和谐社会建设的基本要求。市场经济是法制经济。当前，为了贯彻“权利法案”① 精神，产权保护导向的法制建设稳步推进：《公司法》（2005）、《证券法》（2004）、《反垄断法》（2007）、《破产法》（2006）和《劳动合同法》（2007）等已经推出新版本，被誉为“市场基石”的《物权法》（2007）和《企业国有资产法》（2008）也已陆续颁布，并成为市场各界关注的焦点。综上可见，中国的市场化改革路径正在由等级规则（计划经济条件下的资源配置规则）向产权规则（市场经济条件下的资源配置规则）

① 一般而言，权利法案指一个国家的宪法，在我国就是社会主义宪法。十届全国人大会二次会议（2004）通过了《中华人民共和国宪法修正案》，在原有保护“国家和集体财产”的基础上，明确地增加了对劳动者的产权保护、对国有及私有产权平等保护等相应条款，使宪法之“权利法案”精神得到巩固和加强。

过渡。宏观层面上，产权保护导向的市场化改革不可回避已毋庸置疑；那么微观层面上，产权保护导向的会计改革也应步调一致。因为“权利法案”的落实和产权保护的最终实现，必然需要从基础层面上对产权价值运动（产权流）及其结果进行最切实、最具体和最具操作性的计量、监督和控制，而这正是现代会计的本质属性与基本特征。

会计和审计都是产权结构变化的产物，是为监督企业契约签订和执行而产生的（Watts and Zimmerman，1983）。会计对产权的贡献是与生俱来的，并一直成为产权思想的忠实随从；其产生、发展和变更的根本使命是：体现产权结构，反映产权关系，维护产权意志（伍中信，1998）。产权的社会化程度越高，会计对产权的反映与控制便越具有关键作用，也对新历史阶段的会计提出了更高要求。会计在维护与保护利益相关者权益及保障市场经济有序、有效运作中的作用都是基础性的，也是不可替代的（郭道扬，2004）。由此可见，在中国向社会主义市场经济转型过程中，不论从宏观层面还是从微观层面，会计界定产权和保护产权都具有基础性地位。产权会计[①]通过对财产“价值”与“权利”的双重确认、计量、记录、报告、调整和控制，使经济体制改革成本最小化，从而实现会计的宏观经济效益。

自20世纪90年代以来，FASB十分重视与公允价值会计确认、计量、记录和报告等有关具体技术问题的研究，已取得重大研究成果（SFAC7），并于2006年9月15日正式发布了《公允价值计量》准则。公允价值推广应用到非金融资产和非金融负债，将彻底改革以历史成本为计量基础的传统会计模式，使会计对企业价值的计量与经济学家预期的企业价值相一致（葛家澍和徐跃，2006）。以国际趋同为主旨，以公允价值适度引入为特征，我国财政部也于2006年2月15日发布了新的企业会计准则体系和注册会计师执业准则体系。但是，新准则规定的会计界定产权的规则仍以历史成本计量基础为主导，这使得会计的产权界定和产权保护功能难以充分发挥，会计对产权经济控制的基础性地位难以真正确立，亟待变革。

① 所谓产权会计，就是以产权维护为对象，运用专门的会计方法，对各个产权主体的产权构成具体内容及交易过程中的增减变动进行连续、系统的核算和监督的一项专业管理活动，它是产权主体为维护与保障自身财产权益所采取的重要措施之一。参见：康均：《产权会计史研究》，中国财政经济出版社2005年版，18。

7.2　产权保护与计量基础抉择

产权给予个人自由处置资源的权利，从而为竞争性市场提供了一种基础（Eucken，1952）。那么，在市场经济中，会计对财产（产权）的准确测度在维护产权主体权益方面无疑具有基础性作用。因为会计的准确测度（计量）为竞争性市场中公平、有效的市场竞争提供了稳定的预期，而这正是维持竞争性市场的基础。由于我们要建立社会主义市场经济体制，那么对处于市场经济正常有序运行基础层面的会计之产权保护功能，绝不可小觑。

在产权的世界里，会计的本质是受托责任；会计目标是认定和解除受托责任；会计职能是界定产权和保护产权（伍中信，1998）。会计需要运用自身的专业技术将企业财产价值准确度量出来，这个过程实际上就是界定产权，认定受托责任的过程。认定（确认、计量和记录）的目的是为了解除（会计报告），解除的目的在于保护产权。可见，会计界定产权的最终目的是为了保护产权；产权保护的内在诉求要求会计准确界定产权。在市场经济中，会计界定产权和保护产权是微观层面的，且在整个产权保护导向的“和谐社会”体系中处于基础性地位。产权经济学家强调通过法律来界定产权归属进而控制产权和保护产权。但是，现实中会计准则和审计准则却处于民商法与经济法的基础层面，是法律制度中最切实、最具体、最具操作性和最基础的部分①。现代会计实践往往以会计准则（即一种产权规则）为准绳，它通过界定产权直接地对产权进行价值保护，从而内在地、间接地实现对产权的权利维护。整体而言，会计对产权的界定和保护是微观层次的、基础性的；而法律对产权的界定和保护却是宏观层次的、总括性的。两个层次的产权界定和保护都需要会计提供基础性的“真实公允”的会计信息。

那么，产权会计如何才能获得真实公允的会计信息呢？关键还是会计计量

---

①　有关这一论题的详细讨论请参见：郭道扬：《会计史研究（第 2 卷）》，中国财政财经出版社 2004 年版，3 ~ 660。

问题。Ijiri（1979）认为，计量始终是会计的核心。那么财产的价值如何计量？这必然涉及到计量基础①的选择问题。为了维护利益相关者的产权利益，使其达成重复博弈均衡结果，那么唯一可以被各产权主体普遍接受的计量基础就是价值计量。因为价值计量可以给所有产权主体一个“机会均等”与“规则公平”的利益分享和保护机制，能够给所有交易契约方的利益保护提供一个稳定的预期，使产权界定客观、产权保护有效。采纳价值计量基础，会计就可以较为准确地界定产权和保护产权，其认定和解除受托责任的目标也就可以圆满实现。市场经济越发展，产权保护思想越盛行，价值计量基础也就越重要。

7.3 公允价值与产权会计的对接

7.3.1 从价值计量基础到公允价值计量基础

现行会计模式中主要有两大计量基础——历史成本计量基础和公允价值计量基础。前者以历史成本为计价基准，而后者以公允价值为计价基准。历史成本主要是面向过去交易价格确认的，其提供的会计信息不能评估现在、预测未来，失去了相关性的会计信息，必将成为会计职业生存与发展的最大障碍。公允价值则是立足现在、面向未来，以决策有用为目标，能够为经济决策提供相关的会计信息。由于公允价值计量就是基于现值与价值的会计计量（谢诗芬，2004），因而公允价值计量基础实质上是价值计量基础的实现形式，是理想与现实的最佳耦合。采用公允价值计量基础，会计就可以比较准确地界定产权和保护产权。

在经济学中，价值就是未来现金流量的现值。经济学家认为，为找价值，

① 计量属性是计量客体能够用特定计量单位测定或计量某一特性或某一方面，而计量基础则是一种被选定的基准价格或计价基准（常勋，2002）。依此逻辑，历史成本计量属性也可以是公允价值计量基础的组成部分，而这正是公允价值会计模式所认同的。公允价值计量基础的实现形式有：历史成本/历史收入、现行市价、现行成本、重置成本、短期应收应付项目的可变现净值和以公允价值计量为目的的未来现金流量的现值。当然，关于计量基础的不同观点，请参见：陈美华：《公允价值计量基础研究》，中国财政经济出版社2006年版，5~6。

应先找未来现金流量的现值（直接法），① 如果现值难以找到，就用现值的近似替代，包括现行成本、现行市价、短期可变现净值和符合公允价值定义的历史成本（间接法）。也就是说经济学家寻找价值遵循先直接法后间接法的路径。而在会计学家的思维中则恰恰相反。由于现值估值技术比较主观、复杂并受成本——效益原则约束，利用公允价值寻找价值时采用了先间接法后直接法的路径。但两者的终极目的都是为了获得价值。现行财务会计的计量属性主要包括历史成本（历史收入）、现行成本、现行市价、可变现净值和未来现金流量的现值。资产和负债必须有相关的计量属性；市场价格是所有计量属性的基本概念，其他计量属性如历史成本、现行成本、现行销售（脱手）价格都来自市场价格；市场价格是初始计量的基础，是会计一切计量属性的基础，是会计计量最公允的估计（葛家澍和徐跃，2006）。可见，市场价格是公允价值定义中的核心内容。公允价值是在现行交易中的估计价格，而不是在过去交易中形成的实际价格。公允价值是一个复合的计量属性，其表现形式有：历史成本/历史收入、现行市价、现行成本、短期应收应付项目的可变现净值和以公允价值计量为目的的未来现金流量的现值（谢诗芬，2004）。公允价值立足于当前的市场交易价格，是最贴近资产和负债真实价值的价格信息。这种信息不仅正确反映当前企业财务状况，更重要的是有利于正确预测与评估企业未来创造现金流量的能力，从而引导投资者作出正确的经济决策。因而公允价值计量基础能提供最具决策相关性的会计信息。

那么公允价值可靠吗？公允价值的可靠性问题是目前推行公允价值会计模式面临的主要障碍。一般而言，会计信息越真实公允，其可靠性越强。可靠性可用如实反映、中立性和可验证性三个指标来衡量②。就如实反映而言，公允价值显然比历史成本能够更准确地反映计量对象现在、未来的真实价值；就中立性而言，公允和中立本身就是两个相同或相近的概念，具有地位平等、公平交易、不偏不倚、自愿而非强迫等含义；而对于可验证性，历史成本来源于实际交易，且有据可查，其可验证性自然高于带有估计之嫌的公允价值，但公允

---

① 坎宁（Canning）1929 年在《会计中的经济学》一书中提出了价值计量的直接计价法和间接计价法。

② FASB 与 IASB2005 年至 2006 年的联合项目将“可靠性”用“如实反映”替代，并认为“如实反映”包括中立性和可验证性。我们认为，这种替代并不改变两者内在的本质，鉴于此，我们还是采用了国内通常的表述。

价值可以通过多种途径获取，也具有较高的可验证性（陈美华，2004）。事实上，如实反映强调的是“结果真实”，而可验证性强调“过程真实”。就可靠性而言，“结果真实”显然优于“程序真实”[①]。市场环境的不断发育，计量技术的不断提高，公允价值的获取手段，亦可以得到程序上的保证，在这种情况下，选择的天平不可避免地向公允价值一方倾斜。我们认为，公允价值会计信息坚持的是“结果真实”导向，这暗含公允价值会计信息的可靠性比历史成本会计信息的可靠性更具有产权经济意义，这是 FASB 力推公允价值会计的根本原因。

7.3.2 公允价值计量基础的产权解说

我们认为，现实中产权会计关于“财产”计价必须采用公允价值计量基础，这是由真实公允地反映产权流，维护外部产权主体财产保值、增值等正当产权利益决定的，也是由产权的激励约束功能、产权效率“三大自然基本法则”（占有的稳定性、经同意的财产转让和承诺的履践）（Hume，1969）决定的。

在经济组织问题上有两个重要的需求——投入的生产率，以及对报酬的测度（计量）（阿尔钦等，2002）。这种测度的重要性在于，它能促进所有要素投入者的合作，发挥各自在专业化分工与协作中的比较优势，提高整个组织的生产率（费方域，1998）。因此，如果测度准确，报酬支付与生产要素“贡献”相一致，组织将提供生产性努力激励；反之，如果测度失误，随机支付报酬必将扭曲报酬与生产要素“贡献”之间的因果联系，破坏组织生产力，引致“猖狂”的分配性努力。可见，测度的目的就是设计出一种计量机制，使报酬符合投入的生产力，这是效率的源泉。

会计就是经济组织的一种最主要的计量机制。它通过对投入和产出进行直接测度，以使分配给要素所有者的报酬同他们的“贡献”相匹配，并使报酬的变化与“贡献”的变化步调一致。只有采纳公允价值计量，才能使两者变化的步调相一致，才能缩小支付的报酬对要素“贡献”的偏离度，

① 因为“程序真实”只不过是为保证“结果真实”而采取的必要的手段，若“程序真实”无法保证“结果真实”，那么这种“真实”将毫无意义；相反，若能保证“结果真实”，至于采取什么样的程序则无关紧要；当然，在“结果真实”难以保证的情况下，确保“程序真实”是不可缺少的手段。

才能内涵式地产生生产性努力激励，提高经济组织效率。度量和界定人们利益的准确性、维护和保证这一利益的有效性的变化，又会产生正反馈作用（盛洪，1992）。各产权主体认为利益的界定、划分越是公平的，正当产权利益越是能够得到保证，那么整个社会产权利益保护就越有效，就越能促进投资增加，实现生产性努力的增长，遏制分配性努力。相反，一旦财产计价不相关，不客观公允，那么势必产生“弱势产权”和“强势产权”，从而导致企业产权配置错位。这种错位通过影响产权的稳定性、转让性等效率体制，形成“强势利益”集团，损失产权效率，进而损害产权公平。实证研究表明，“弱势产权”对企业再投资将产生长期的负面影响（Johnson *et al.*，1999）。这必然导致“弱势产权”主体投资不足，进而影响经济增长。这就是产权会计计量基础宏观经济效应的传导机制，也是产权会计抉择公允价值计量的宏观基础。另一方面，就微观层面而言，财产计价显失公允，那么对围绕财产而内化的一系列权利束（产权）的明确界定和动态调整，以便准确界定产权主体的权能和利益边界，使责权利相互制衡，那将是一句空话。公允价值计量基础通过给予所有产权主体在计量层面上的平等地位，从而给他们一个“稳定”的预期，进而为充分释放产权激励功能和提高产权效率提供重要保障。

7.3.3　公允价值计量基础的会计解读

德姆塞茨（1999）认为，在产权与价值的比较与衡量中，任何资源配置机制，要为社会所接受，都必须解决好两类任务：一是不管资源如何使用，必须充分揭示资源收益的信息；二是必须促使人们认真考虑这些信息。我们认为，德姆塞茨强调了产权价值信息必须真实地、公允地、充分地予以披露，以引导投资者正确投资决策，而这正是会计反映与控制产权价值运动过程的核心内容。由此推知，经济学家正迫不及待地呼唤会计学收益趋同于经济学收益。幸运的是，理想条件下采纳全面的公允价值计量（价值计量）基础可以使会计学收益的表现形式即资金流向经济学收益（真实收益）的价值流逼近。而在历史成本计量基础下，两者存在差异的不确定性大大增加，以此为基础必将扭曲会计界定产权和保护产权的功能，进而降低产权资源配置效率。

一部会计发展史，实际上是一部对正当产权利益进行不断界定、维护和保障的历史。对正当产权利益的界定和维护是产权会计与生俱来的使命。而这又必须以价值计量为基础。所以，从更深层次上讲，追求价值计量是产权会计的内在诉求。产权会计学者认为，会计的职能是界定产权和保护产权。保护产权的依据又是什么？依据就是“产权流”。企业的价值运动又确实地表现为一种财产权利和责任的流动和变化，这种产权的流动和变化的目的无非是为了最终解除受托之责（伍中信，1998）。产权流是价值流与权利流的伴生，是价值流在产权视角下更深层次的表现。产权流的静态结果以资产负债表反映，动态结果用损益表和现金流量表揭示。外部投资者以产权流信息为依据进行相关的投资决策，使会计的解除责任得以阶段性实现，从而部分实现会计的产权保护功能。前述可知，关于产权流的计量，如果采用历史成本计量基础，产权流对价值流的偏离在所难免；如果采用价值计量即公允价值计量基础，产权流等于或无限逼近价值流。在这里，价值计量实现了公允价值会计与产权会计的对接。从价值计量这个角度讲，资金流、产权流和价值流三者本质上是一致的，并且采用全面的公允价值会计计量之后，三者金额应该相等。

7.3.4 小结：公允价值与产权会计对接模型

综上所述，我们可以构建一个基于价值计量的简单模型：

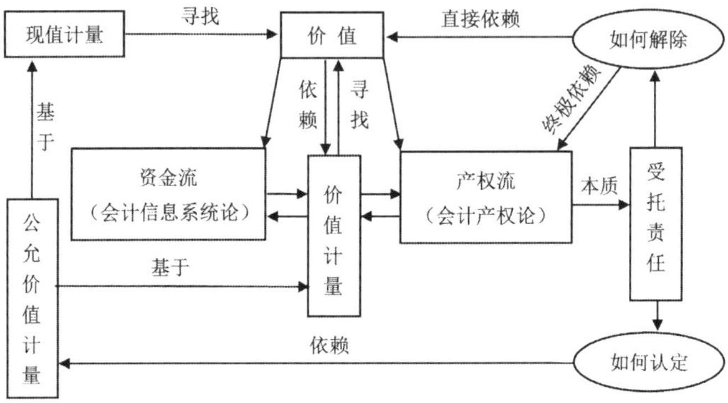

图 7－1 公允价值与产权会计对接模型

从图 7－1 中可以看出，价值的量化依赖于价值计量。价值的动态形式是价值流。在会计信息系统论中体现为资金流①，在会计产权论中体现为产权流。价值计量的目的就是寻找价值，而公允价值计量就是基于价值和现值的会计计量。所以公允价值计量的最终目的还是寻找经济学中的价值。从这个角度讲，它是寻找价值手段的集合。信息系统论认为，实施了全面的公允价值计量后，资金流与价值流相等；会计产权论认为，会计目标是认定和解除受托责任，那么如何认定？我们认为，应对财产、负债和交易费用等实施全面的公允价值计量；如何解除？解除直接依赖于对价值流的揭示，包括静态的和动态的，这主要体现在“三张报表”（资产负债表、损益表和现金流量表）上，而终极依赖还是隐藏在物资流、资金流和价值流背后更本质的东西——产权流。价值流是产权流的载体。价值计量使资金流、产权流和价值流在本质上达成一致，并且金额相等。在图7-1中，价值计量处于双重角色之中。一方面，从公允价值获取途径来讲，公允价值计量就是基于现值和价值的会计计量，其中现值计量是内含于价值计量之中的，只是为了说明直接法和间接法而将其单独列出，其最终目的还是为了寻找价值。这时公允价值是目的，价值计量是手段。另一方面，从经济学价值量化的角度来看，需要依赖价值计量。这时价值计量是目的，公允价值计量是手段。两者表面上看似乎矛盾，但实质上只是看问题的角度不同而已。其实，在价值计量中，前者就是会计学上的先间接法后直接法，后者就是经济学上的先直接法后间接法。两者最终归宿都是价值，都是为了很好地界定产权和保护产权。

综上可见，产权会计迫切需要以价值计量为基础，从而使其受托责任得到更好地认定和解除，实现会计的目标，体现它的与时俱进。现实中，由于公允价值就是基于价值和现值的会计计量，因而它是价值计量基础的最佳实现形式，是理想与现实的最佳耦合。价值计量的引入大大拓宽了产权会计的理论视野，实现了公允价值会计与产权会计的对接。公允价值计量基础的采纳，成为会计界定产权和保护产权的根基，从而使产权会计在实现自身使命的过程中不再力不从心。

---

① “会计信息系统论”、“会计管理活动论”和“会计控制论”中价值流均表现为资金流。为了分析的方便我们仅以“会计信息系统论”为代表，这并不影响得出的结论。

7.4 公允价值计量基础与会计改革

前文从产权保护理念出发，论证了公允价值计量基础是现实中充分发挥会计界定产权和保护产权功能的最佳计量基础。会计改革问题则是由产权保护和公允价值计量基础所驱动。首先，我国《企业会计准则——基本准则》(2006) 规定了五种主要的计量属性：历史成本、重置成本（现行成本）、可变现净值、现值和公允价值。《基本准则》将事实上作为复合计量属性的公允价值单独规定作为一种独立的计量属性，这对实务中理解和应用公允价值很不利，实务界可能误认为其他四种计量属性不属于公允价值。为顺利推行公允价值计量基础，我们建议未来修改《基本准则》时将公允价值的表现形式作为公允价值计量属性的补充规定。其次，《基本准则》规定：企业在对会计要素进行计量时，一般应当采用历史成本，采用重置成本、可变现净值、现值、公允价值计量的，应当保证所确定的会计要素金额能够取得并可靠计量。这表明，尽管新准则适度、谨慎地引入公允价值计量，但仍强调以历史成本计量基础为主导作为会计确认计量的指导思想。根据前面的论证，由历史成本计量基础逐步过渡到公允价值计量基础便提出了"会计改革命题"。产权保护导向会计改革的核心就是逐步推行公允价值计量基础，只有这样才能充分发挥会计的产权功能，奠定其在市场经济中"名副其实"的基础性地位。由历史成本计量基础逐步过渡到公允价值计量基础，实际上是要将会计计量由强调"成本"理念变为强调"价值"理念，关键就是会计后续计量环节对计量属性之"价值"理念的选择和切实贯彻问题。因为初始确认计量时，无论采用何种计量属性，其金额往往都是相同的。若历史成本、重置成本、可变现净值和现值能够反映后续时点计量日的公允价值（市场价格），则这些计量属性都属于公允价值计量基础的表现形式；反之，它们就是历史成本计量基础的表现形式。我们不应再传统地认定各种具体计量属性归属于哪种计量基础，因为这不符"公允价值是一复合的计量属性，有多种表现形式"这一客观事实。产权保护导向的会计改革应重点关注这些问题。

总之，会计产生、发展与变革的历史，是一部对正当产权利益进行界定和保护的历史。会计要凭借界定产权和保护产权的功能，以达到认定和解除受托责任的目标，客观上需要以价值计量为基础。现实中，公允价值计量基础是价值计量的最佳实现形式，是理想与现实的最佳耦合。产权理论是推行公允价值会计的重要理论支撑。公允价值计量基础是现实中充分发挥会计界定产权和保护产权功能的最佳计量基础，它使会计真正走上追求“价值计量”和“产权保护”的道路。[①]

① 本章发表于《会计研究》，2009 年第 3 期，人大复印资料《财务与会计导刊》全文转载。

第8章

产权保护导向会计改革成效测度标准研究

8.1 会计改革成效测度标准：会计信息价值相关性反思

如何有效地保护利益相关者的产权，促进生产性努力的增长，助推经济发展，已成为一个重要的国际议题。在完善社会主义市场经济体制和构建社会主义和谐社会进程中，会计界定产权和保护产权的基础地位日益彰显。如何尽量避免改革过程中的冲突和摩擦，使改革成本最小化，离不开会计对存量利益的准确计量和对增量利益的恰当反映。会计改革实质上是调整财产权利界定规则，重新划分产权主体利益边界。会计改革达成“准确界定产权，进而有效保护产权”的目标，有利于协调改革中各产权主体的利益，保护弱势产权主体利益，从而实现改革以最小化改革成本的稳定形式推进。为了深度发掘和切实贯彻会计的产权保护功能，促进生产性努力的增长，我们需要迫切探究会计改革成效的测度标准问题，以期准确评价会计改革成效，总结经验教训，为后续会计改革提供政策建议。

目前学术界主要通过检验变革前后会计信息价值相关性是否提高来判断会计改革是否具有成效。但是，从何种角度界定会计信息的使命进而界定会计信息质量，仍然是一个存在争议的话题（刘峰等，2004）。较恰当的检验会计信息相关性的方法，应当是财务报表信息“俘获”（capture）或“汇总”（summarize）影响股票价值信息的能力（Francis and Schipper，1999）。目前占主流地位的检验会计信息价值相关性的“三模型”是：（1）Easton and Harris（1991）收益模型，用于检验收益与剩余收益对市场调整后报酬的解释力，代表着利润表的价值相关性；（2）Barth and McNichols（1994）和 Francis and Schipper（1999）模型，用于检验资产和负债对企业市场价值的解释力，代表着资产负债表的价值相关性；（3）Ohlson（1995）剩余收益定价模型，用于检验收益和净资产对企业市场价值的解释力，代表着利润表和资产负债表的联合价值相关性。文献检索发现，在这三模型中，目前 Ohlson（1995）剩余收益定价模型占主导地位。部分学者利用“第一个模型”检验了税收账面确认与盈余组成部分的价值相关性（Yoon，2008）、不同市场类型中盈余信息与非盈余信息的价值相关性（El－Gazzar *et al.*，2009）、会计准则变迁（1993～2007年）对会计信息价值相关性的影响（漆江娜和罗佳，2009）、新准则实施前后会计盈余的价值相关性（朱凯等，2009）和公允价值层级信息的价值相关性以及公司治理机制对价值相关性的影响（Song *et al.*，2010）。另外部分学者运用“第二个模型”检验了新会计准则变化对价值相关性的影响（罗婷等，2008；田高良等，2010），利用“第三个模型”检验亏损公司会计盈余价值相关性（唐国琼，2008）、新旧会计准则对股票定价的增量影响（朱凯等，2008）。还有部分学者同时利用上述三个模型中的两个或三个同时检验会计信息的价值相关性，如：刘峰等（2004）同时利用“三模型”检验了会计准则变迁是否提高了信息质量，欧阳爱平和徐俭（2009）也同时用“三模型”检验了新准则（2006）实施前后上市公司会计信息价值相关性变动，Dimitrios *et al.*（2010）利用“第一个模型”和“第三个模型”检验了 IFRS（国际财务报告准则）实施前后会计信息的价值相关性，王建新（2010）利用“第一个模型”和“第二个模型”检验了新准则的价值相关性，江笑云和孙辉（2010）总结了利用上述三模型检验新会计准则（2006）执行效果（价值相关性）的实证研究结论。

上述关于会计信息价值相关性的研究对于测度会计改革成效具有重要参考价值，但仍存在缺陷，如关于中国新准则价值相关性的研究结论众说纷纭、莫衷一是。会计信息价值相关性研究以资本市场满足半强式有效为前提。尽管对中国资本市场效率问题的检验结论存有争议（吴世农，1996；陈小悦等，

1997)，目前关于“中国资本市场未达到半强式有效”却是公认的。因此，运用“三模型”得出的结论与中国的真实情况难免存在偏差。以往研究表明，“会计准则质量提高会导致会计信息价值相关性提高”的推论成立需同时具备两个条件：一是会计信息本身不传递经济后果；二是资本市场有效。这些假设前提和推论前提的条件是苛刻的，现实中难以成立，尤其是在中国这样的新兴市场经济国家中。因此，我们并不能仅仅通过检验会计信息价值相关性是否提高来度量会计改革成效。此外，这些方法坚持的是关于会计信息真实性的“程序理性观”，即假定准则变迁使得准则本身质量提高，那么在此前提下检验会计信息的价值相关性：如果价值相关性提高，则说明准则变迁提高了信息质量；反之，则说明准则变迁没有提高信息质量，其原因在于准则执行不力而跟准则本身无关。这种逻辑推理在“价值相关性提高”条件下似乎没有问题，而在“相关性降低或不变”条件下将原因仅仅归于准则执行是值得商榷的。事实上，现实中一个国家的准则执行水平受限于多种因素（如政治法律因素等），但仍然是逐步提高的。对于中国来说，与 IASB（国际会计准则理事会，下同）的 IFRS 相比，中国 CAS（企业会计准则，下同）属于法规体现组成部分，会计准则作为法规体系，具有强制性的特点，要求企业必须执行，否则就属于违规行为（刘玉廷，2008）。IFRS 作为公认会计原则，不属于法规体系，不具有法定强制力，但具有重要影响和较强的约束力。中国 CAS 以法规形式制定和发布会计准则，更有利于会计准则的理解掌握和贯彻实施。即中国 CAS 的贯彻执行应该是有力的。因而将“会计信息价值相关性降低或不变”的原因归于准则执行不力是不合适的。总之，在新兴市场经济国家资本市场不完善的情况下，仅仅通过检验会计信息价值相关性是否提高来评判会计改革成效是不完整的，何况会计改革目标也不仅仅是增强会计信息对股价的解释力？那么，如何测度会计改革成效呢？我们认为，回顾会计学上关于“收益”概念的讨论与实践是寻求解决之道的重要途径。

8.2　会计改革成效测度标准：会计学与经济学收益启示

会计改革的目标不完全是增强会计信息对股价的解释力，会计学中关于“收益”概念的讨论与实践对于选择合理的会计改革成效测度标准而言具有重要参考价值。

8.2.1　会计学收益

收益代表投入价值与产出价值之比，或者是产出大于投入的差额，即如果投入一笔资本，则超过资本额的报酬就是收益。会计学收益又称为利润或盈利，通常是指来自期间交易的已实现收入和相应费用之间的差额（葛家澍和林志军，2002）。鉴于会计学收益的缺陷，西方会计学者逐渐注重吸收经济学收益的某些内涵，试图形成一种新的会计学收益概念。他们用资产的增减来定义收益，将资产的持有利得和损失列入收益中，这是从资产计价的角度来定义收益的尝试。促使会计学收益体现或趋向经济学收益的观点逐渐在财务会计理论界和实务界获得认可。FASB（美国财务会计准则理事会，下同）在 1980 年发表的 SFAC NO. 3（财务会计概念公告第 3 号）《企业财务报表的要素》中提出两个不同的收益概念：盈利（earnings）和综合收益（comprehensive income）。其中，盈利就是现行会计实务中的净收益，综合收益则应包括“在一个期间内来自非业主交易的权益（净资产）的全部变动”，也就是要包括已实现和未实现的业主权益（净资产）变动。即：综合收益 = 净收益 +/- 其他综合收益（包括已实现的和未实现的）。此时的综合收益非常接近经济学收益概念了。当然，由于一些经济学收益项目不符合会计确认标准，因而还不能作为收益在会计系统中进行确认、计量和报告。FASB 于 1997 年 6 月公布了 SFAS130（财务会计准则公告第 130 号）《报告综合收益》，正式要求企业从当年 12 月 15 日结束的会计年度开始必须在财务报表中报告综合收益。2010 年 5 月，IASB（国际会计准则理事会）发布了《其他综合收益项目的列报（征求意见稿）》，以改进 IAS1（《国际会计准则第 1 号——财务报表列报》）中其他综合收益（OCI）项目的列报。我国《企业会计准则解释第3号》也规定：自2009年1月1日起，企业应当在利润表“每股收益”项下增列“其他综合收益”项目和“综合收益总额”项目。“其他综合收益”项目反映企业根据企业会计准则规定未在损益中确认的各项利得和损失扣除所得税影响后的净额。“综合收益总额”项目，反映企业净利润与其他综合收益的合计金额。FASB将综合收益定位于一个会计期间净资产的全部变动，其对收益的计量取决于资产、负债的计量，体现的是资产/负债观和损益满计观。从综合收益的定义公式可以看出，随着会计计量技术的不断发展，价值计量基础（以公允价值计量基础为实现形式）逐步取代成本计量基础（以历史成本计量基础为实现形式），“其他综合收益”将逐步转移到“会计净收益”之中，即会计净收益与综合收益之间的差异将不断缩小。当资产负债要素全面采用公允价值计量基础后，会计净利润与综合收益之间的差异基本消除，这时“综合收益”概念也就没有存在的必要了。

8.2.2 经济学收益

继亚当·斯密（1890）“财富的增加”和欧文·费雪“经济精神收益（人心理满足程度）、真实收益（一定期间经济财富的增加）和货币收益（经济资源货币价格的增加）”的经济收益观之后，J. R. Hicks（1946）在其名著《价值与资本》中认为，收益是一个人在他期末和期初保持同等富有的条件下可能消费的最大数额，该概念已具有资本保持意义。经济学家一致认为，收益是随着未来服务潜能现值的增加而同时产生的，即收益实际上是一定期间的财富价值变动。依此逻辑，企业的经济学收益可以表述为：一定期间财产价值变动。值得注意的是，企业财产的会计术语主要是资产（仅仅是财产可以计量的部分）。因而，在业主权益理论看来，那么用会计的语言来近似（因为有些经济学收益项目缘于计量技术和确认标准等因素无法进入会计系统）表述企业经济学收益则是：一定期间净资产价值变动。在这里，从会计角度近似计量经济学收益，必然涉及对净资产实施价值计量。何谓价值？尽管劳动价值论与效用价值论的争论由来已久，然而价值的财务经济学表述却被广泛接受：价值就是未来现金流量的现值。鉴于公允价值会计计量是基于价值和现值的会计计量，因而公允价值计量是会计价值计量的最佳实现形式。从会计学确定公允价值的层级结构可以看出：公允价值是一种交易价格。当这种交易价格是在活跃市场中的多个市场参与者竞合而成时，它实际上一种市场价格，这种价格实际上就是劳动价值论中的价格，可以这样说，活跃市场中运用公允价值进行会计价值计量，这是价值规律在会计学中的实现形式。而当这种交易价格是在非活跃市场中由特定个体竞合而成时，它实际上是特定个体的交易价格，这种交易价格并不是公允的，内含着特定个体的主观价值，实质上体现了效用价值论。这种情况下需要运用估值技术来确定公允价值。

8.2.3　会计学收益、综合收益与经济学收益比较

综上，我们发现，会计学收益、综合收益与经济学收益的关系可以列示如图 8－1 下：

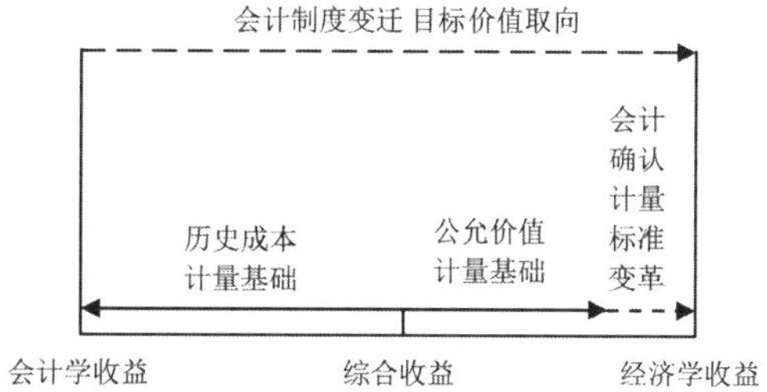

图 8－1　会计学收益、综合收益与经济学收益关系示意图

从图 8－1 中可以看出，经济学收益涵盖了综合收益和会计学收益，而综合收益又涵盖了会计学收益①。当财务会计的计量基础由历史成本逐步转向公允价值时，综合收益逐渐向经济学收益方向扩充，但是，即便有关资产、负债等会计要素实施全面的公允价值计量，受会计确认和计量标准限制，两者不可能完全重合，只能不断逼近。而当实施公允价值计量基础以后，综合收益公式中的“其他综合收益”则迅速转移于“会计学收益”，会计学收益迅速趋向于综合收益，若实施全面的公允价值计量，则会计学收益与综合收益重合。此时，“综合收益”概念就没有存在的必要了。从现代会计改革与变迁的历史进程看，会计制度变迁的目标价值取向是逼近经济学收益，这也是会计终极目标所在。

① 值得特别注意的是，这种“涵盖”指的是概念内涵本身考虑范畴的大小，而不是数量上的大小关系。

8.2.4 会计学收益、综合收益与经济学收益计量公式及其关系

综上，我们可以将三者的计算公式列示如下：

①会计学收益 = 净利润（FASB）

②综合收益 = 净利润 +/ - 其他综合收益 = 净资产的变动 = 期末净资产 - 期初净资产（FASB）

③经济学收益 = 经济利润 = 净利润 - 股权费用 = 净利润 - 期初净资产 × 股权资本成本

从财务学中关于最简单的经济利润的计算公式中可以看出经济利润与会计利润的区别是它扣除了全部资本费用，而会计利润仅仅扣除了债务利息。因而，一般而言，净利润是大于经济利润的。尽管从公式中难以发现综合收益与经济学收益的大小关系，但从其提出就是“以会计利润为基础经过调整后去接近经济收益”初衷出发，我们可以从理论上合理推断：综合收益大多情况下是大于经济利润的。而至于会计收益与综合收益，从①和②可以发现，两者大小关系是不确定的。会计的发展历程表明，从会计学的角度讨论经济收益并提出综合收益范畴，本身就是为了实现会计的产权保护功能，这也是会计改革应坚持结果理性的根本原因。既然目前会计收益、综合收益和经济收益已可以合理度量，那么从产权保护的视角去测度会计改革成效则顺理成章。

8.3 会计改革成效测度标准：基于产权保护视角

一般认为，会计改革具有成效是因为改革提高了会计信息的真实性。那么，我们首先应弄清楚什么是“真”。Simon（1978）明确区分了理性的程序标准（即程序理性）与新古典经济学的实质性标准（即结果理性）。程序理性强调过程符合目标，而不在意结果；结果理性则强调结果符合目标性，而不在意行为。简言之，前者注重过程，后者注重结果。产权经济学继承了新古典经济学中关于结果理性的标准，主张结果理性。众所周知，会计信息是会计准则执行人（会计人员）根据一定的会计准则生产出来的。如果会计信息是失真

的，那它必然与会计信息生产的某个或所有环节相关。高质量会计准则是生产高质量会计信息的前提基础。可见，通常所说的会计信息失真中的“真”，就是程序理性观，而不是结果理性观。我们认为，这种程序理性观容易导致人们对现行会计准则盲目遵从，减弱会计制度变迁的内在驱动力。会计与产权的关系是“过程”与“结果”的关系，会计核算和监督的过程都是为了准确界定产权，进而实现“有效保护产权”的结果。因而，忽略结果理性而仅仅单独从程序理性来考察会计信息真实性问题是不符合会计与产权的紧密联系的。会计（作为一个过程）对产权（作为一个结果）的贡献与生俱来，会计的发展史就是通过界定产权而保护产权的历史。会计为保护产权而效力的现实表明，在把握会计真实性的内涵时，我们应坚持“结果理性优先、兼顾程序理性”的原则。

本书认为，产权保护导向的会计改革必须坚持“结果理性”和“程序理性”相融合的价值观。根源于产权保护的基本要求，会计改革（会计制度变迁）是否真正具有改革成效应以会计收益是否逐步回归综合收益和经济收益为基准，因为这是会计发展史上会计变革的历史路径。具体说来，从“程序理性”来看，会计改革成效的测度应以“会计收益回归综合收益”为直接目标；而从“结果理性”看来，会计改革成效应以“会计收益回归经济收益”为终极目标。如图 8－2 所示，当会计收益与综合收益之差离横轴（0）的距离（即第一类差异）逐渐趋向于 0 时，即会计收益回归了综合收益，会计改革就实现了其直接目标；当会计收益与经济收益之差离横轴（0）的距离（即第二类差异）逐渐趋向于 0 时，即会计收益回归了经济收益，会计改革就实现了其终极目标。会计改革的直接目标从表面上度量了改革成效，即表面上信息质量的变化；而终极目标则是从实质上度量改革成效，即实质上信息质量的变化。理论上讲，会计改革的直接目标是终极目标的过渡形式。只有当会计改革使得两类差异及其变动缩小时，会计的产权保护功能才能落到实处，此时的会计改革才符合信息使用者的稳定预期。

鉴于两类差异的存在有很多客观原因，为了度量会计制度变迁（会计改革）是否引起两类差异的显著变动，即会计改革（会计制度变迁）是否在减少两类差异方面富有成效，我们需要考察会计制度变迁引起两类差异变动（即度量增量）的方向及是否显著。一般而言，我们可以坚持如下判断准则：（1）当某次会计制度变迁使得两类差异变动同时缩小时，表明会计信

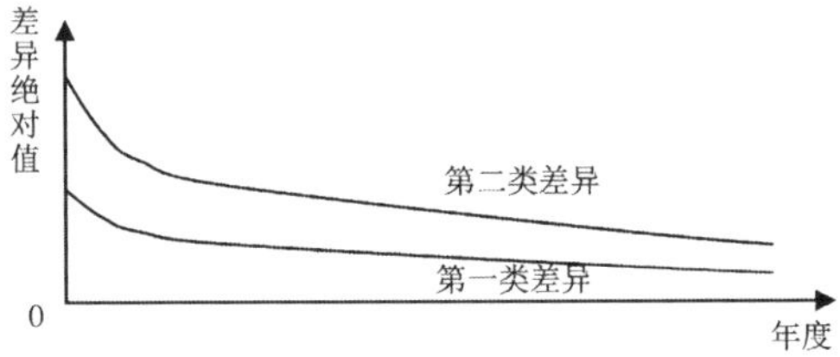

图 8-2　会计改革成效目标取向

息质量得以实质性提高，即会计改革[①]既实现了直接目标也实现了终极目标，则此次改革是富有成效的，原因是会计收益>综合收益>经济收益，会计改革使得会计收益向综合收益方向移动[②]（会计改革第一类型）；（2）当某次会计制度变迁使得第一类差异变动缩小而第二类差异变动变大时，表明会计信息质量表面上提高了但实质上却降低了，即会计改革实现了直接目标但未实现终极目标，则此次改革是失败的，原因是综合收益>会计收益>经济收益，会计改革使得会计收益向综合收益方向移动（会计改革第二类型）；（3）当某次会计制度变迁使得第一类差异变动变大而第二类差异变动缩小时，表明会计信息质量表面上降低了但实质上却提高了，即会计改革未实现直接目标但实现了终极目标，则此次改革是有成效的，原因是综合收益>会计收益>经济收益，会计改革使得会计收益向经济收益方向移动（会计改革第三类型）；（4）当会计制度变迁使得两类差异变动同时变大，表明会计信息质量得以实质性下降，即会计改革既未现直接目标也没有实现终极目标，改革也是失败的，原因是会计收益>综合收益>经济收益，会计改革使得会计收益向远离综合收益的方向移动（会计改革第四类型）。四种会计改革类型如图 8-3 所示（0<A<B<C）：

与会计信息价值相关性相比，这种测度会计改革成效的方法具有如下优点：（1）避开了“资本市场有效及会计信息不传递经济后果”这一严格苛刻的条件，应用简便；（2）避开了“新准则本身质量高”的不合理假设前提；（3）避免了“会计信息价值相关性降低或不变归因于准则执行不力”的不合理解释；（4）符合会计改革收益决定范式由“收入/费用”观过渡到“资产/

① 我们认为，会计改革包括会计制度变迁和会计制度执行两个方面。

② 虚线箭头代表会计改革使得会计收益的变动方向。

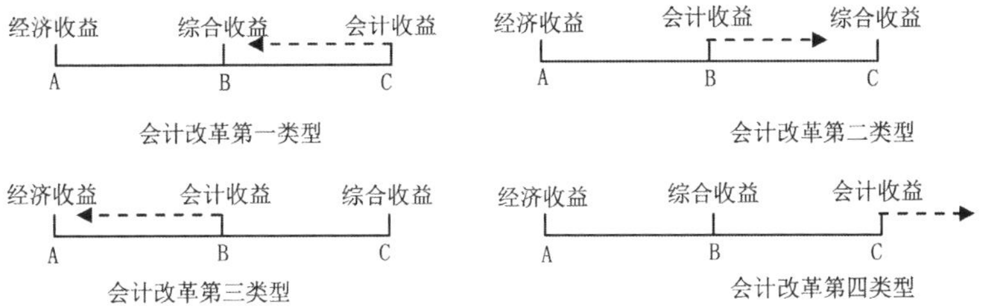

图 8 – 3　四种典型的会计改革类型

负债”观的历史潮流；（5）符合“会计收益逐步过渡到综合收益进而回归经济收益”这一会计改革价值取向。[①]

① 本章与赵西卜合作，发表于《中央财经大学学报》，2011 年第 6 期。

第9章

产权保护、公共领域与会计制度变迁

9.1 问题缘起

中国经济体制改革的本质是实现资源配置由“等级规则”向“产权规则”过渡，明晰产权和保护产权是这一过程中的基本价值取向。市场交易实际上是权利交易。为保护交易各方的财产权利，促进交易效率，须创建法律制度予以规制，从而为良序市场经济的形成奠定基础。党的十八大报告指出：须加快建设对保障社会公平正义具有重大作用的制度，逐步建立以权利公平、机会公平和规则公平为主要内容的社会保障体系。因而，制度建设对于准确界定产权、有效保护产权和促进生产性努力的增长而言具有重要意义。当前，产权保护导向的法制建设稳步推进：《公司法》（2005）、《物权法》（2007）和《侵权责任法》（2009）相继颁布或修订，体系化的民法典制定也进入议事日程，这标志着中国特色的民商法律体系已经形成。

产权保护导向的经济改革离不开会计对存量利益的准确计量和对增量利益的恰当反映。会计制度是民商法律体系的重要组成部分，并构成其运行的基础。IASB为建立和完善全球统一的高质量财产权利反映规则体系，与FASB联合开发CF（财务会计概念框架，下同），推动国际趋同取得实质性进展。该联合CF分为8个阶段（phase）：2010年9月完成了第1阶段，成果为“目标和质量特征”；当前，第2阶段的“要素定义、确认和终止确认”，第3阶段的“计量”和第4阶段的“报告主体概念”正在稳步推进①。同时，IASB加快了后危机时代IFRS的制定、修订。当前，IASB和FASB正在着手推进的联合项目包括：金融工具会计减值、分类与计量、套利（Hedge Accounting）、宏观套利（Accounting for Macro Hedging），保险合同，租赁，收入确认以及企业合并政策与程序。我国财政部相继发布了与IFRS实质趋同的企业会计准则体系（CAS－2006）及《中国CAS与IFRS持续趋同路线图》（2010），稳步推进持续趋同战略实施：2012年财政部密集发布财务报表列报（修订）、公允价值计量、职工薪酬（修订）、长期股权投资（修订）、合并财务报表、合营安排、在其他主体中权益的披露和金融工具列报（修订）征求意见稿，彰显了会计制度在维护市场经济秩序和助推经济健康发展方面的重要作用。

会计制度和审计制度是公司法中的基本制度（黄桂田和陈子季，2000），会计制度变迁实质上是调整财产权利的界定规则，涉及利益相关者财产权益的变更。学者对会计制度变迁研究主要集中在会计制度变迁路径（綦好东，2000；汪祥耀、李连华，2006；张新民、吴革，2007）、变迁特征（李连军，2007；龚翔、许家林，2008）、变迁原因（刘峰，2000；伍中信等，2006）与变迁经济后果（冯巧根，2008；毛新述、戴德明，2008；Carmona and Trombetta，2008；王冲和谢雅璐，2010；修宗峰，2011；Wang *et al.*，2012），侧重特定时期会计制度变迁分析，而忽视了从经济史演进和法律制度维度讨论会计制度变迁。此外，少数学者从会计制度“公共领域”的维度，分析了会计事项（吴水澎、刘启亮，2005）、会计信息真实性（吴水澎、刘启亮，2007）与会计履约范式（刘启亮、陈汉文，2010），但学者并未将“公共领域”引入会计制度变迁分析之中。本书以制度变迁理论为基础，将产权保护、公共领域嵌入会计制度变迁领域，置会计制度变迁于经济史的产权法律制度演进之中，旨在揭示会计制度变迁的必然性、变迁轨迹与变迁规律。

---

① 第5～8号分别为：财务报告、列报与披露的边界，概念框架的目的和地位，在非营利组织中运用概念框架，其他问题（Remaining Issues，if any）。

9.2 会计制度变迁的必然性：产权保护与公共领域

市场经济是产权经济、法制经济，我国改革开放的实质是解决社会主义市场经济体制建立过程中的产权问题。四百多年来，学者们对簿记或会计理论的研究，几乎一致是以对产权问题的研究作为出发点的（郭道扬，2008）。产权界定和产权保护是现代会计的两大基本职能。会计准则就是藉助对会计行为的规范与约束，实现对产权的保护（刘峰，1996）。正是因为会计在本质上是对财富的计量，因而在私有产权出现以后，会计可以“自觉地”被用作产权保护的特殊手段，从而使会计在产权社会中具有了产权保护的功能（周守华，2011）。

因为交易是有成本的，所以产权作为经济问题不可能被完全界定，未被完全界定的产权就被搁置在公共领域。公共领域中的财产既能扩大，也能缩小。随着商品各种属性价值的不断变化，产权的度量成本和保护成本不断增减，人们会相应地改变原来的决定，放弃某些财产，使其化作公共领域的财产，或对现有公共领域的财产进行重新界定，使之归于自己名下（巴泽尔，1997）。若预期的收益超过预期的成本，一项制度安排就会被创新。只有当这一条件得到满足时，我们才可发现在一个社会内改变现有制度和产权结构的企图。当在现有的制度结构下，由外部性、规模经济、风险和交易费用所引起的收入的潜在增加不能内部化时，一项新制度的创新可能获取这些潜在收入的增加（戴维斯、诺斯，1979）。公共领域中的共有财产是潜在收益的主要来源。制度变迁的直接目的是获取公共领域中的经济租金，因为公共领域的大量存在使得制度由均衡演进到非均衡状况，这就迫切需要进行制度创新或变迁使得这种“非均衡”重新回归“均衡”。

从现实层面讲，我国会计制度变迁的本质原因是满足建立健全社会主义市场经济体制和对外改革开放的内在要求。有学者认为，会计制度变迁的理论逻辑是政府财政部门履行法律所赋予的职责，完善政府治理结构，明晰利益相关各方的产权关系而作的努力（李连军，2007）。该观点对会计制度变迁原因的探讨仅局限于政府制定会计准则模式，没有抓住问题的关键，且不具有一般性。本书认为，从产权范式维度借助“产权域秩序”和“会计域秩序”概念可以揭示会计制度变迁的内在逻辑与路径。产权域秩序是不同的产权主体以其所投入的资源为依据而对分享产权界区内“价值流”和“权利流”的份额及比重进行冲突与协调的结果，是产权博弈过程中的动态均衡（伍中信、曹越，2007）。会计域秩序是利益相关者以其所投资的资源为依据而进行的利益冲突与协调的结果（吴联生，2003），是针对产权域秩序中存量和增量财产权利的计量、反映及监督规则协调而成的一致意见。产权域秩序和会计域秩序均是自生自发的动态社会秩序，会计域秩序是依据产权域秩序而生发的，这样当产权域秩序发生变化时，会计域秩序也会适时进行调整以保持与产权域秩序的一致性。只有这样，才能为会计准确界定产权和有效保护产权奠定坚实基础。

当然，源于人类的有限理性及会计域秩序以“产权域秩序”为标杆进行调整并非即时同步，会计域秩序对产权域秩序的偏离不可避免，偏离使得部分财产权利没有明确的界定规则，引致秩序层面的“公共领域”。尽管如此，会计域秩序还是动态调整的，因为随着市场经济的不断发展，一些新的交易或事项会出现，在现有会计制度没有规范的条件下，依据财务概念框架，实务中又会形成新的会计习惯、会计习俗和会计惯例，乃至会计社会规范，这些都会被吸纳到会计域秩序中。会计的产权保护功能需要奠基于会计域秩序的会计制度来实施。会计制度是会计域秩序的制度表现，但却具有相对静止特征。一般而言，会计惯例规则是针对当前新出现的会计交易或事项的，而会计制度一旦制定就是针对“未来”，是约束未来期间会计实务处理的规则系统。因而，会计制度偏离会计域秩序就不可避免，形成制度层面的“公共领域”。

会计的公共领域溯源于会计制度偏离产权域秩序，包括秩序层面“公共领域”（会计域秩序偏离产权域秩序）和制度层面“公共领域”（会计制度偏离会计域秩序）两个完整部分，前者是会计信息先天性失真的根源，后者是会计信息规则性失真的根源。搁置在“公共领域”的产权，形成共有财产，会引致分配性努力。各产权主体为了攫取共有财产这一“经济租金”会投入消耗性资源，直至攫取共有财产的价值与投入消耗性资源的价值相等，即使得经济租金耗散至零。随着公共领域经济租金价值不断提高，共有财产权利体系中的非稳定性问题变得特别突出（Alchian and Demsetz, 1973），当界定产权的成本小于收益时，公共领域中“共有产权”将得到重新界定，从而纳入到会计域秩序中，这就要求原会计制度必须进行创新或修订以实现对新会计域秩序的高度遵从，进而内部化公共领域中共有财产的外部性，实现各产权主体个人收益率与社会收益率趋同，促进生产性努力的增长，助推市场经济健康发展。

总之，会计制度的相对静止与会计域秩序的动态生发决定了会计制度无法完全遵从会计域秩序，这使得未被界定的产权被搁置在公共领域，形成“共有财产”。当“共有财产”的价值提高以致对其界定的收益超过成本时，会计制度就必须变迁（创新或修订）以获取这种潜在利润，再次实现对会计域秩序的高度遵从，从而为产权主体提供生产性努力的激励。

9.3 经济史中的会计制度变迁：从“法律遵从型”到“金融预期型”

9.3.1 经济史中的“法律遵从型”会计制度

产权域秩序的制度化形成产权法律制度，而会计域秩序的制度化则形成会计制度。会计域秩序是依据产权域秩序生发而成，是产权域秩序中财产权利界定的细化，在产权域秩序中的生发过程中处于基础性地位。因而，会计制度也是产权法律制度运行的基础。当产权法律制度高度遵从产权域秩序且会计制度高度遵从会计域秩序时，合乎逻辑地，会计制度就会遵从产权法律制度，从而形成“法律遵从型”会计制度。人们之所以重视会计工作，是因为依据会计制度核算出来的有关企业的财务状况、经营成果和现金流量能够得到法律的认可，能够提供具有法律证据力的资产、负债和税后利润信息。“法律遵从型”会计制度提供的会计信息具有可靠性的根源在于“依法记账”①，这是会计学和会计工作在社会中得以安身立命的法宝。会计制度作为遵循民商经济法的规则，其特征是依民商法记录企业财产权利、债务和股东权益，依经济法（主

① 在大陆法系下，产权法律制度包括物权法、合同法、公司法、破产法、侵权责任法、税法等民商法和经济法；在普通法系下，产权法律制度包括财产法、契约法、信托法、公司法、破产法和侵权行为法等。

要是税法）界定企业的收入、费用和利润，据此编报的财务报告在私法和公法层面均具有法律证明力（周华等，2008）。会计信息的可靠性是指会计提供的信息具有法律真实性、结果真实性，具有可验证性和法律证明力。

法律遵从型会计制度是1973年以前经济史中会计规范的一种常态。私人财产占有形成于原始社会末期，对私人财产的保护是奴隶制国家立法的主要精神，而会计立法则是首要的任务。

1. 奴隶社会法律遵从型会计制度

古代西亚两河流域在公元前3500年左右由苏美尔人创造了楔形文字，公元前3000～2500年间，苏美尔人和阿卡德人建立了一批像乌尔、乌鲁克、拉格什、尼普尔等重要的城市国家，将传统的部落习惯逐渐演化为法律。约公元前22世纪末，乌尔纳姆统一两河流域南部，颁布了世界上第一部成文法典《乌尔纳姆法典》，涉及损害与赔偿、婚姻与继承等方面，反映出对奴隶主利益和私有制的坚决维护。公元前18世纪，巴比伦第6代王汉穆拉比统一了两河流域，制定了集两河流域楔形文字法之大成的《汉穆拉比法典》，涉及产权方面的内容有：（1）土地国有与有限的私有并存的土地制度，对私有土地和房屋的买卖、抵押、租赁、赠予和继承等作了明确规定；（2）债权法，规定债的主要形式是契约，还有侵权行为之债，重要契约必须采取书面契约形式；高度重视对借贷关系的调整，明确规定借贷利息等具体内容，确立以债务人或其家属作为人质拘留于债权人之家的债的担保制度，以保证债的履行。

古代印度作为一个文明古国，其法律传统具有深厚的哲学基础与鲜明的民族特征，其法律渊源与宗教经典密不可分，大致包括吠陀、法经和法典。与产权相关的古印度法内容有：（1）所有权，以土地国有制为基本制度，土地买卖和土地私有已出现，但受到限制，私人财物所有权受法律保护；（2）债法，因商品经济尚不发达，契约关系较为简单且种类少，每种契约权利义务关系并不十分明晰详尽，对契约成立的前提条件和履约进行了规范，对高等种姓的债权给予特别保护。

古希腊是欧洲最早进入文明社会、最早产生国家与法的地区。古希腊法的典型代表是雅典法。该法与产权相关的内容有：（1）梭伦改革中以拥有的财产为标准重新划分雅典公民等级，并按等级高低确定政治权利，其立法改革的根本原则是确认私有财产，容许土地转让与分割；（2）雅典规定了财产权的司法保障程序，不动产所有人对占有其不动产提起收益之诉向第一审级提出，产权的诉讼则向第二审级提出；（3）债的来源分为因契约而产生的债和因损害赔偿产生的债，契约之债须履行，设立担保制度，分为人格担保和实物担保两种，凡故意损害他人者，其惩罚双倍于损害程度。

古代罗马产生的罗马法是古代奴隶制社会最发达、最完备的法律体系。罗马法[①]中与产权相关的法律有：（1）物和物权法，物权是反映权利人得直接行使于物上的权利，由法律规定，私人不得创设，包括所有权、役权、地上权、永佃权、担保物权（信托、典质和抵押）；（2）债是依法得使他人为一定给付的法律联系，其标的是给付，债权人的请求必须以法律的规定为依据。

古代中国的夏商周都是奴隶制，其中西周是奴隶制鼎盛时期，与财产有关的法律建制有：（1）夏朝规定土地使用权由国王统一控制，商朝规定土地使用权归奴隶主贵族、处分权属于国王，西周实行以国王为代表的国有制；（2）西周立法中将债权债务处理密切结合起来，债权人在追偿债务时受法律保护，债务人有清偿债务的法定责任，凡债务方面的官司诉讼，强调以合法契约为据。

综上可见，维护财产所有权方面的法律制度在整个人类法律制度中具有根本性。产权法律制度是维护奴隶制国家政权和促进经济发展的制度装置。维护产权是维护政权的根本出发点，债权是产权的转化形式，从本质上讲，保护债权便是保障产权，对产权、债权与继承权的保障与维护也是奴隶制度时代财计立法建制的根本目标，它把这一行为落实到最具体、最切实的方面，从今往后，它都一直是经济法律制度建设中的基础部分（郭道扬，2004）。奴隶制时代的会计核算与报告制度有：（1）赋税征收和财政收支管理的会计制度。官厅会计贯彻“量入为出”财政法则，包括户籍制度、财计入出项目制度、财计报告制度、财计牵制制度；（2）民间经济活动中的会计核算规范，包括放债利息计算收取规定、货币计量单位使用与物品价格确定规定、记账以凭证为依据等。这些会计制度针对各国产权法律制度进行

---

① 《十二表法》是罗马第一部成文法，涉及土地占有、债务、家庭、继承和诉讼等方面的法规，维护私有财产，特别详细地规定了债奴役制。而《查士丁尼法典》、《学说汇纂》、《法学阶梯》和《查士丁尼新律》被称为《罗马法大全》。

细化，并构成其运行的基础，是奴隶社会中会计制度遵从产权法律制度的鲜明体现。

2. 封建社会与资本主义社会法律遵从型会计制度

当人类社会进入到封建社会、资本主义社会时，有关产权的立法建制仍然根源于对“产权”的维护与保障，即对产权、债权和继承权的一体化产权立法建制行为都是对封建时代和资本主义时代政治与经济环境的反映，遵循着由人类社会生产与生活过程中的产权习惯到产权习俗，由产权习俗到产权惯例，由产权惯例到产权社会规范，再由产权社会规范到产权习俗法，最后由产权习俗法到制定法的演进路径。产权法律制度本质上来讲并不是人类刻意设计的结果，而是通过建构理性主义方法遵从产权域秩序的结果。

中国封建社会早、中期的会计法律制度有上计制度、计账—户籍制度和会计报告，晚期会计制度集历代财计法律制度精华，主要有赋役征纳册籍制度和钱粮收支制度。中世纪早、中期欧洲主要国家的会计法律制度有：（1）法兰克王国《庄园敕令》中关于庄园会计分项核算规定、账册设置与核算规定、会计报告规定；（2）拜占庭帝国《市政录》中关于账簿与现金管理的规定。封建社会晚期西欧主要国家的会计法律制度有：（1）意大利威尼斯商业簿记制度，含复式记账、财产权益平衡关系、财产盘存制度、账簿设置、簿记试算表编制制度；（2）法国《商事王令》（又称《商人法典》）中规定的商人账簿设置、财产目录编制、破产清算、会计档案和使用制度；（3）德国商法规定必须设置的账簿有分录账、商品账和债务账；（4）英国有账簿设置要求、财产目录编制、簿记试算表。

进入到资本主义社会之后，会计制度主要是规范复式记账会计核算方法，包括设置账户、复式记账、填制与审核凭证、登记账簿、成本计算、财产清查和编制会计报表等。这些关于会计核算的制度规范分散在产权法律体系中，如《德国商法典》、《法国商法典》、美国《统一商法典》、《公司法》、《破产法》等，还体现在专门的会计法规中，例如法国的《统一会计方案》、日本《会计法》、英美的财务会计概念框架及会计准则。这些会计制度都遵从于产权法律制度，是在基础层面界定产权和保护产权的制度安排。法律遵从型会计规则是规范社会经济秩序的必需规则，由于产权界定功能由民商法决定，收益分享功能由经济法决定，会计法规也就必然地由民商法和经济法规所共同决定（周华等，2008）。

9.3.2 经济史中的“金融预期型”会计制度

尽管法律遵从型会计制度曾一度在美国会计理论界、实务界和证券监管机构取得共识，但受联邦和州法律结构限制，在联邦层面却不可能形成稳定的法律遵从型会计制度。1973 年之后，脱离法律原则，强调金融预期的会计理论逐渐瓦解法律遵从型会计理论。学者将基于“预期”理念和“未实现”理念来运用公允价值的会计处理规则称之为金融预期型会计制度。法律遵从型会计制度的突出特征是依“法”记账，采用历史成本计量基础核算，收入费用、利得损失强调“已实现”原则；而金融预期型会计制度的突出特征是依“预期”记账，采用公允价值计量基础，收入费用、利得损失可以采用“未实现”规则。金融预期型会计制度诞生的经济环境在于虚拟经济不断发展（交易次数频繁、交易规模越来越大），而传统的历史成本会计难以担当提供及时、相关的会计信息，难以反映证券市场中的经济真实，从而将可以反映预期的公允价值计量引入现代会计之中。值得特别注意的是，并非公允价值计量本身都是内含未来预期的，只有在通过估值技术确定公允价值时才含有预期成分，另外在运用公允价值时，那种未实际进行交易就以公允价值发生变动为由进行会计处理，就是典型地依照“金融预期”进行会计处理。

金融预期型会计制度的典型规则有：（1）金融资产公允价值会计处理方法。交易性金融资产和可供出售金融资产全程都是采用公允价值计量，资产负债表日，公允价值变动前者计入“公允价值变动损益”，后者计入“资本公积——其他资本公积”，两者都是“理念”中的，而不是已经实现的损益或利得/损失。“公允价值变动损益”计入当年利润表，但这种利润却具有不可分配性，与公司法“利润须具有可分享性”原则相背离。另外这种会计处理因不符合“过去的交易或事项”，因而不被税法等经济法规认同。同理，“资本公积——其他资本公积”也是“未实现”的预期的所有者权益，也不代表所有者当前对其享有的剩余权益，与民商法律制度相违背。与此类似的还有投资性房地产后续计量时采用公允价值，公允价值变动也是计入“公允价值变动损益”。（2）金融资产减值和长期资产减值的会计处理。对于贷款和应收款、持有至到期投资以及不具有控制、共同控制、重大影响、公允价值不能可靠计量的长期股权投资这类金融资产而言，减值测试的标准是“账面价值与该资产未来现金流量的现值”，而后者就具有典型的金融预期性。对于具有控制、共同控制和重大影响的长期股权投资而言，其减值测试的标准是比较账面价值与可收回金额，而可收回金额的确定是“公允价值减去处置费用后的净额”与“资产预计未来现金流量的现值”两者中的较高者，其中后者含有预期因素，当可收回金额的较高者为“现值”时，相应的会计处理也含有预期因素。金融预期型会计制度中存在的对“预期”进行会计处理的部分一般不能得到法律制度的认可。

金融预期型会计理论实质上是证券市场监管机构及其主要参与者炮制的，旨在为证券市场发展提供支持的理论，目的是为了维持投资者的交易热情，为证券监管当局提供公众公司投资头寸的市值信息（周华等，2009）。金融预期型会计制度强化了证券市场中投资者的“决策有用”导向，因为上市公司在证券市场中的股票可以自由交易，为了鼓励投资者参与交易并维持频繁的交易频率，会计信息的相关性显得尤为重要，而引入公允价值被认为是提供相关性的关键举措。但是，其后果是助长了股市短期投机行为，漠视了长期投资的价值，这难道是证券监管机构的初衷？如此，则该规则就是为证券监管部门利益服务的。毕竟交易频率的高低和交易额度的大小是决定证券监管部门收益的关键。但是市场经济中的企业绝大部分并非上市公司，让这些公司采纳不被产权法律制度认可的金融预期型会计制度降低了会计信息可靠性，增大了税会差异调整成本。不仅仅是企业，还包括中介机构以及政府税收征管部门，是它们承担了金融预期型会计制度与产权法律制度冲突的社会成本。金融预期型会计制度具有“私益特征”，违背了“真实与公允”原则对会计制度“公益特征”的要求。

9.4　会计制度变迁的一般规律

行文至此，我们可以将会计制度变迁的一般规律总结如下：

（1）会计制度变迁的根本原因是会计制度对会计域秩序偏离引致的“公共领域”。会计制度变迁的直接目标是实现会计制度对会计域秩序的高度遵从，终极目标是准确界定产权和有效保护产权，使得个人收益率趋同于社会收益率，促进生产性努力的增长，助推产权经济持续健康发展。

若想使进行生产性努力的人们获得他们努力的成果，必须满足两个条件：一是正确度量和界定正当利益；二是对正确度量出来的人们的正当利益进行维护和保证。有效的会计制度能够准确界定（度量）产权（正当利益），也能够有效保护（维护和保证）产权。近现代经济发展的一个重要迹象是生产性努力的增加，若要实现生产性努力的持续增加，必须实现作为度量技术替代手段的制度的进步，即制度化技术度量技术，因为单纯的技术度量是按照对象的自然属性进行的绝对度量，而市场制度度量则是按照对象的社会需求进行的相对度量。由于具有度量和界定功能的制度手段本身处于不断变化之中，不同的制度手段在界定人们利益的准确性方面存有巨大差别，于是维护和保证制度手段所规定的人们利益大致有两种不同的情况：一是制度所规定的人们利益边界和正当利益之间存在很大差距。在此制度规定下，分配性努力或掠夺被制度化了，对该制度的维护和保证就是对分配性努力或掠夺的保证。另一情况是，制度规定的人们利益边界与正当利益边界一致或接近，那么对该制度的维护和保证就是对生产性努力的维护和保证（盛洪，1991）。会计制度作为一种维护市场经济有序运转的制度安排，是对会计计量技术的一种替代，当其界定的产权主体的利益边界与正当的产权利益之间存在差距时，就有一部分产权被搁置在公共领域，导致分配性努力行为。如果会计制度不及时变迁（制定或修订），就会对分配性努力进行维护和保证，从而大大降低会计制度的有效性，使得分配性努力在现行会计制度下被合法化，会计制度就成了“恶法”。分配性努力是一种严重的负外部性行为，要内部化（消除或降低）负外部性就须适时推动会计制度变迁，从而达致有效的会计制度。有效会计制度决定于会计制度对会计域秩序的遵从度。有效会计制度的标准就是界定的产权主体利益边界与正当产权利益一致，也就是准确界定产权。在该有效会计制度下，才能对正当的产权利益进行维护和保证，即有效保护产权，才能消除或降低负外部性，即内部化外部性。在有效的会计制度下，因为个人收益率与社会收益率一致，所以生产性努力会增加，经济就会持续健康发展，这是会计制度变迁的终极目标。

（2）会计制度和产权法律制度的演进遵循着由习惯到习俗、由习俗到惯例、由惯例到社会规范，再由社会规范到制度的路径。对一个国家而言，有效的会计制度应遵从有效的产权法律制度，从而实现会计制度与产权法律制度同步变迁。

会计制度和产权法律制度并不是人类刻意设计的结果，而是源于习惯、习俗和惯例，源于自发社会秩序，即会计制度作为一个人造秩序是对会计域秩序的近似与遵从。同理，产权法律制度作为一个人造秩序也是对产权域秩序的近似与遵从。会计制度维护会计域秩序，而产权法律制度维护产权域秩序。因为会计域秩序是从产权域秩序中演进而来，所以会计制度合乎逻辑地应遵从产权域秩序。对于不同国家而言，其产权主体的习惯、习俗、惯例和社会规范存在一定的差异性，因而产权域秩序也有其特殊性，这就决定了每个国家的产权法律制度拥有一定的特殊性。同理，受一个国家经济发展水平、社会意识形态和民主自由程度影响，各个国家产权主体的会计习惯、会计习俗、会计惯例和会计社会规范也存有一定的差异，即会计域秩序也有其特殊性，这决定了各个国家的会计制度存在一定的差异，这是会计制度遵从产权法律制度合乎逻辑的结果。因而，当产权法律制度发生变迁时，会计制度也应同步发生变迁才能保持会计制度的有效性；同理，当会计制度发生变迁时，表明产权法律制度体系的运行基础发生了变化，为减少新的会计制度与原产权法律制度体系的冲突，产权法律制度体系也要尽可能吸纳会计制度变迁的合理成果同步变迁。只有这样，才能使得有效的会计制度与有效的法律制度相匹配，从而实现对“产权”进行全方位式准确界定和有效保护的目标。

（3）虚拟经济的快速发展决定了“法律遵从型”会计制度演进到“金融预期型”会计制度的必然性，保护虚拟经济中产权主体的正当产权利益是这一转变的根本原因。现代市场经济体系是由“实体经济”与“虚拟经济”构成的“二元”结构经济体系，这就要求产权法律制度和会计制度对“二元结构”中的“产权”进行一体化控制。

1973年后，法律遵从型会计制度逐步被金融预期型会计制度所替代，并渐成主流，但并非意味着金融预期型会计制度完全抛弃了法律遵从型会计制度，相反是在原法律遵从型会计制度的基础上引入了现值、公允价值等具有预期性质的计量属性。准确地讲，金融预期型会计制度仅仅是为了突出会计制度中引入金融预期规则而冠名之。按照本书的逻辑，由实体经济和虚拟经济构建的二元结构现代市场经济体系相应形成了涵盖实体产权和虚拟产权的二元结构产权体系，这客观上呼唤产权法律体系和会计制度对“二元”产权结构进行一体化的规制和控制。那么，一种理想的图景应是产权法律制度应吸纳虚拟财产权的习惯、习俗、惯例并将其制度化至自身体系中，从而变迁至“二元结构”产权法律制度。同理，会计制度也应同步变迁到“二元结构”会计制度。

二元结构会计制度应是一个混合体，其中对实体产权的规制应遵从原产权法律制度，而对虚拟产权的规制应遵从新加入的具有预期性的新产权法律规则。那么，最终的结果是变迁后的会计制度仍然是遵从变迁后的产权法律制度的。然而，现实情况下，会计制度已变迁至“二元结构”会计制度，但相应的“二元结构”产权法律制度迟迟未建立，这使得会计中界定虚拟产权的规则不能得到法律认可，导致实务中证券市场交易欺诈横行，助长了分配性努力，难以有效保护虚拟产权主体的正当产权利益。针对“二元结构”产权体系，如何进行一体化准确界定和有效保护并获得法律认可，这是当前会计学者和法律学者须深思的重大理论与现实难题，改进财务报表列报方式是解决问题的方向。[①]

① 本章与张肖飞合作，发表于《会计研究》，2013 年第 6 期，人大复印资料《财务与会计导刊》全文转载。

第 10 章

产权保护、准则趋同与经济后果

10.1　问 题 缘 起

35 年来，中国实现了从行政控制型经济到社会主义市场经济的转型与过渡，创造了中国奇迹，使得资源配置从“等级规则”转向“产权规则”，确立了“产权是所有制的核心”这一重要观点，形成了中国特色的社会主义法律体系。中国经济体制的改革，归根结底是解决产权问题。改革的过程实际上是明晰产权的过程。产权的载体是契约，契约的基础是产权。明晰产权需要契约及正式的制度安排予以规制。明晰产权的过程实际上就是准确界定产权，促进生产性努力增长，助推经济发展的过程。经济越发展，会计越重要。会计是一个国家乃至世界经济有序运转、持续发展的基础。会计工作是事关经济社会持续、协调与健康发展的基础性工程。我国财政部于 2006 年建成了与国际财务报告准则（IFRS，下同）趋同的企业会计准则体系（CAS，下同），包括 1 项基本准则和 38 项具体准则。自 2007 年开始，实施范围从上市公司、金融机构扩大到几乎所有大中型企业。2013 年 1 月 1 日起，按照工信部、国家统计局、发改委和财政部联合发布的《中小企业划型标准》，国内所有的大中型企业全部执行 CAS，而小企业执行《小企业会计准则》（SES）[①]，标志着与国际趋同

① 产权制度是指由产权关系与产权规则融合而成的调节和保护利益相关者财产权利的制度安排。

的中国会计准则体系架构已经建立。

世界经济一体化的加深给各族人民带来了发展的契机，使各国经济更加紧密联系在一起的同时，也给国家的经济安全带来了挑战。2008 年爆发的金融危机不仅给全球经济秩序和金融体系带来了新的挑战，也对会计准则的制定和完善提出了新要求。建立全球统一的高质量会计准则有利于防范金融危机和促进经济发展，加快会计准则国际趋同的步伐是实现这一目标的重要途径。2010 年 6 月，多伦多 20 国集团峰会上，欧盟提出将继续推进金融市场改革，其中包括促进会计准则趋同。据统计，全球已有 100 多个国家要求采用 IFRS 或正在推进与 IFRS 趋同的工作。

关于会计准则国际趋同，国外学者的研究集中在不同国家之间会计准则的差异比较（Barth *et al.*, 1996；Street *et al.*, 2000；Chand and Patel, 2008）、会计信息决策有用性比较（Harris *et al.*, 1999；Chand *et al.*, 2010）、采纳 IFRS 的可行性（Chand and White, 2007；Kimura and Ogawa, 2007；Rezaee *et al.*, 2010）、中国 CAS 国际趋同（Peng *et al.*, 2008；Bakera *et al.*, 2010）及会计准则国际趋同程度的测量方法（Fontes *et al.*, 2005；Qu and Zhang, 2010）；国内学者则主要关注我国 CAS 与 IFRS 国际趋同的现状、必要性及未来展望（杨敏等，2011），我国 CAS 与 IFRS 的规则差异（盖地，2001；葛家澍，2006）、信息质量差异（徐经长等，2003；王建刚和刘庆艳，2009；刘永泽等，2012），会计准则国际趋同效果、影响因素（刘斌和徐先知，2010；刘永泽等，2012；孙雪娇，2012）以及对国际趋同的评价（夏冬林和李晓强，2005；周华等，2010）。可见，针对会计准则的国际趋同问题，国内外学者取得了丰硕的研究成果，但鲜有文献从产权角度讨论会计准则国际趋同的原因及趋同的会计准则与本国法律体系的冲突和协调。本书拟挖掘会计准则国际趋同的产权基础，介绍中国 CAS 趋同的最新进展，从法律制度维度揭示我国会计准则趋同的经济后果并寻求可能的解决策略。

10.2 会计准则国际趋同的产权基础

会计准则趋同的“标杆”是 IFRS，趋同的涵义是本国的会计准则与 IFRS

实质上保持一致，仅仅在文字表述、结构安排和极个别特殊问题上存在差异。会计对产权的贡献与生俱来，其产生、发展和变更的根本使命是：体现产权结构、反映产权关系和维护产权意志（伍中信，1998）。外部性内部化是产权与会计的联结点：外部性内部化的结果产生了“产权”；而外部性内部化的过程则催生了“会计”（曹越和伍中信，2011）。产权界定和产权保护是现代会计的两大基本职能，是会计内部化外部性的两条基本途径。现实中，产权界定体现为会计的核算、定价功能；产权保护体现为会计的监督、治理功能。界定产权是为了保护产权，界定产权的准确性决定了保护产权的有效性。如何提高“准确性”，这就涉及会计准则问题。高质量的会计准则是会计实现准确界定产权的根本保障。自从产生了私有财产，财产占有者便开始寻求维护私有财产的基本路径，从今往后，产权理论与规则对会计的发展产生了决定性影响：一方面它促进会计理论与方法的发展变化；另一方面它使会计以维护和保障产权为工作的既定目标，在会计方面的法律制度构建中，无论发生何种变化，都从始至终必然以维护和保障产权作为它所规范解决的核心问题（郭道扬，2004）。现实中的商品交易本质上是一种产权交换，没有某种度量标准，财产权不可能建立，也不可能发生交换行为。毫无疑问，财产权的确立与界定，以及财产交易过程中的公平、合理度量及交易后结果的恰当反映都不可能离开会计制度的科学规定性。

市场经济是产权经济、法制经济，其基本特征是：竞争为他人创造价值和非人际化的等价交换。等价交换是人类历史中财产交换须共同遵守的原则。等价交换过程中财产如何度量则是会计准则需解决的重大问题。实际上，等价交换就是真实、公允的交换，这与会计信息的质量特征和会计的文化精神一脉相承。等价交换是人类自发形成的合作秩序，是市场经济良序运行的基础。当商品交换突破国界，交换中的权益之争不可避免，并成为经济国际协调中的重要主题，也是国际经济秩序的核心问题。任何一项国际经济冲突，本质上是经济权益问题。解决这一问题的手段有政治手段乃至军事手段，旨在维护本国交换权益。这种国与国之间的交换利益之争往往是一种零和博弈，不利于世界范围内公平合理的交换秩序建立，不利于世界的稳定，不利于世界经济的持续健康发展。必须正视的问题是，任何一项经济交易，签订合同的落脚点必然涉及采用何种会计规范、会计方法，双方所关注的交易结果都必须通过协商与确定具体会计处理方法，经济权益问题的处理及分配是须反复协调才能达成的，而其中的会计协调则处于最基础、最重要的地位。史实证明，国际性或全球性经济交易越频繁、越复杂，会计协调便越来越重要（郭道扬，2004）。当资源在全世界范围内配置，国与国之间的交易摩擦开始凸显，如何保护各个国家的财产权益，维护自己的交换利益，降低交易成本，促进全球资源优化配置，建立一套全球公认的会计准则显得尤为迫切。这就需要一种超国家结构的准则制定机构（国际会计准则理事会——IASB，下同），将全球公认的商品交易过程中的基本会计处理习惯、习俗与惯例凝结为准则体系，从而形成一套财产权利的确认、计量与列报规范体系（IFRS）。该体系体现了市场经济国家会计习惯、习俗与惯例的共性，是 IFRS 形成的根本原因。会计准则国际趋同的产权基础是依据会计国际惯例来准确界定产权、等价交换产权和有效保护产权。该产权基础根源于市场经济中人类的相互依赖性与合作激励的意识形态。

10.3 中国 CAS 国际趋同的最新进展

为响应 G20 集团和金融稳定理事会关于建立全球统一高质量会计准则的倡议，财政部于 2010 年 4 月发布了《中国 CAS 与 IFRS 持续趋同路线图》，承诺中国 CAS 的修订、制定将与 IFRS 项目保持同步，确立了持续全面趋同战略。为了落实 CAS 和 IFRS 的趋同与等效，财政部会计司于 2008 年至 2012 年间陆续发布了《CAS 解释第 1—5 号》，对 CAS 在实际执行过程中出现的有关问题进行了补充和修订。当前，CAS 与 IFRS 相比，除长期资产减值转回一项差异外，其他实质上均与 IFRS 一致，只是在文字、结构等形式上存有一定的差异，这是由我国的政治、经济、文化和法律等特殊国情决定的。

2011 年 5 月 12 日和 6 月 16 日，IASB 发布了 4 项新的 IFRS（No. 10 合并财务报表、No. 11 合营安排、No. 12 在其他主体中权益的披露及 No. 13 公允价值计量）和 4 项修订后的 IAS（No. 1 财务报表列报、No. 19 雇员福利、No. 27 单独财务报表及 No. 28 在联营和合营中的投资）。为完善我国 CAS 体系，保持我国 CAS 与 IFRS 的持续趋同，财政部会计司在 2012 年 5 月 –11 月期间陆续发布了 5 项修订 CAS 的征求意见稿和 3 项新增 CAS 的征求意见稿。其主要内容如下：

10.3.1　五项修订 CAS 的征求意见稿

（1）CAS No. 30 财务报表列报（征求意见稿）。财政部于 2012 年 5 月 31 日发布了该征求意见稿，拟修订的主要内容包括：

①修订“综合收益”的有关内容。将其他综合收益项目进一步划分为“以后会计期间不能重分类进损益的其他综合收益项目”和“以后会计期间在满足规定条件时将重分类进损益的其他综合收益项目”两类区别列报。原在所有者权益变动表中反映的“综合收益”有关内容也作出相应调整，并在附注中增加有关披露内容。

②整合现行规范性条款，充实完善相关内容。充实了持续经营的评价内容；明确了以权责发生制会计编制报表的相关内容，以与国际列报准则一致；明确了利得和损失项目的金额列报在原则上不得相互抵销；纳入了正常经营周期的定义；扩充了经营性负债的内容；参考我国审计准则对“重要性”的判断以及当前国际上对“重要性”概念的最新进展，进一步完善了“重要性”的定义和判断；充实了附注披露内容，如重要会计政策和会计估计的披露、报表重要项目的说明、终止经营的有关披露等。

（2）CAS No. 9 职工薪酬（征求意见稿）。该征求意见稿由财政部于 2012 年 9 月 29 日发布，拟修订的主要内容有：①充实了离职后福利的内容，新增了关于设定受益计划的会计处理规范。②充实了关于短期薪酬会计处理规范，将企业为职工缴纳的养老、失业保险调整至离职后福利中，企业向职工提供的非货币性福利统一采用公允价值计量，但公允价值无法可靠获得时，可以采用成本计量。③充实了关于辞退福利的会计处理规定。要求明确区分辞退福利与离职后福利；同时，在报告期末十二月内不需要支付的辞退福利应适用其他长期福利的有关规定。④引入其他长期职工福利，它包括除短期薪酬、离职后福利和辞退福利以外的所有职工薪酬，完整地规范职工薪酬的会计处理。修订后的准则将适用于短期薪酬、离职后福利、辞退福利和其他长期职工福利，涵盖了除以股份为基础的薪酬以外的各类职工薪酬。

（3）CAS No. 2 长期股权投资（征求意见稿）。2012 年 11 月 15 日财政部发布了该征求意见稿，拟修订的主要内容有：①规范了长期股权投资的范围。将“投资企业持有的对被投资单位不具有控制、共同控制或重大影响，并在活跃市场中没有报价、公允价值不能可靠计量的权益性投资”纳入 CAS No. 22

金融资产的确认和计量中处理。②为了与有关 CAS 的关键性概念保持一致，在确定“控制”、“共同控制”和“合营企业”时，应按照 CAS No. 33 合并财务报表和 CAS No. X 合营安排进行判断。

(4) CAS No. 33 合并财务报表（征求意见稿）。该征求意见稿由财政部于2012年11月15日发布，拟修订的主要内容有：①出台企业集团编制合并财务报表的豁免规定。除国有及国有控股企业、股票或债券已公开交易的企业、正处于公开发行股票或债券过程中的企业、金融机构或其他具有金融性质的企业以及其他需要对外提供合并财务报表的企业必须按照准则要求编制合并财务报表准则外，其他企业集团是否编制合并会计报表由企业管理层自行确定。②修改控制的定义和具体判断原则。包括改进控制的定义、引入实质性控制概念、关于拥有决策制定权利的投资者是委托人还是代理人的判断指引以及对被投资方可分割部分的控制。

(5) CAS No. 37 金融工具列报（征求意见稿）。财政部于2012年11月21日发布该征求意见稿，拟修订的主要内容有：①补充了权益工具的分类。允许以固定金额的任何货币换取固定数量的企业自身权益工具的配股权、期权或认股权证确认为权益工具，即外币的“固定换固定”；允许符合一定条件的可回售工具和发行方仅在清算时才有义务向另一方按比例交付其净资产的金融工具归类为权益工具。②补充了抵销的规定和披露要求。对抵销的原则进行了进一步地补充说明，并对抵销的金融工具和可执行的总互抵协议或类似协议下金融工具的披露做出了具体规定，要求企业披露相关数量信息并对抵销权利及其性质进行描述。③补充了金融资产转移的披露要求。对已转移尚未全部终止确认的金融资产以及已全部终止确认、但转出方继续涉入的被转移金融资产的披露这两种情况分别进行了规定和补充。④修改金融资产和金融负债到期期限分析披露要求。阐明了金融资产和金融负债纳入到期期限分析项目的范围，删除了要求披露金融资产到期期限分析的硬性规定，并对衍生和非衍生金融负债的到期期限分析分别不同情况处理，以减轻对衍生金融负债到期期限分析的披露要求。⑤删除了金融资产和金融负债公允价值相关的披露要求。

10.3.2 三项新增 CAS 的征求意见稿

(1) CAS No. X 公允价值计量（征求意见稿）。该征求意见稿由财政部于2012年5月17日发布，主要内容包括：①明确了公允价值的适用范围，规范了公允价值定义，将公允价值定义为市场参与者在计量日发生的有序交易中，出售一项资产所能收到或者转移一项负债所需支付的价格。②明确了公允价值计量的方法和级次，将用于计量公允价值的估值技术输入值按照优先顺序分为三个层次。③企业应当对以公允价值计量的资产、负债或权益工具项目进行适当分组，并在此基础上披露公允价值计量级次、估值技术和输入值等相关信息。

（2）CAS No. X 在其他主体中权益的披露（征求意见稿）。该征求意见稿由财政部于 2012 年 11 月 15 日发布，主要内容如下：①明确披露在其他主体中权益的目的，有助于其财务报表的使用者评估企业在其他主体中权益的性质及相关的风险，以及这些权益对企业财务状况、经营业绩和现金流量的影响。②整合并优化在子公司、联营企业、合营企业中权益的披露，统一在其他主体中权益的披露和统一主要财务信息。③增加在结构化主体中权益的披露，要求披露结构化主体的有关情况，既包括纳入合并范围的结构化主体，也包括未纳入合并范围的结构化主体。

（3）CAS No. X 合营安排（征求意见稿）。该征求意见稿由财政部于 2012 年 11 月 15 日发布，主要内容有：①将合营安排定义为“由两方或多方共同控制的安排”，并明确仅当针对相关活动的决策需经共同控制该安排的各方全体一致同意时，才存在共同控制。②依据合营安排下各方的权利和义务将合营安排划分为共同经营和合营企业。③针对共同经营和合营企业分别规定了各参与方（包括合营者和对合营安排不享有共同控制的参与方）的会计处理方法，包括个别财务报表和合并财务报表层面。④要求首次执行的企业应当对其合营安排进行重新评估，由于分类变化导致会计处理方法改变的，应进行追溯调整。

10.4　中国 CAS 国际趋同的经济后果

经济后果是会计报告对企业、政府、工会、投资者和债权人决策行为的影响（Zeff, 1978）。会计准则作为会计信息生产与提供的规范，不是一种纯技术规范，而是一种界定产权和保护产权的制度安排，具有经济后果。会计是一门国际通用的商业语言。会计准则的国际趋同实质上是按国际会计惯例来界定和保护财产权利，必然涉及国际惯例与本国会计惯例的兼容性问题。那么，我国CAS与IFRS国际趋同的经济后果有哪些？下面将从正反两个层面来讨论准则国际趋同所产生的经济后果。

10.4.1 我国CAS国际趋同的正经济后果

（1）提高会计信息的可比性和透明度，降低海外融资成本。我国加入WTO以后，越来越多的企业开始走上国际经济舞台，企业跨国经营、跨国上市、跨国投资和跨国融资的现象日益增多。我国CAS与IFRS持续全面趋同，可以提高企业财务信息的可比性和透明度，使国内外会计信息使用者能够在可比较的基础上进行各项分析，极大地方便了我国企业进行各项国际经济活动。采用IFRS或与IFRS趋同的国家越多，财务报告的可比性就会越强，信息透明度就越高，从而促进了全球经贸往来和海外融资成本的降低。

（2）造就国际化卓越会计人才。自2006年中国CAS与IFRS实现趋同以来，国内越来越多的会计人员开始接触并熟知IFRS，同时也逐渐具备了运用IFRS对相关业务进行会计处理的能力。此外，为保持与IFRS的持续趋同，国内准则研究人员密切跟踪并认真研究IFRS的各项修订和变动，分析其变动原因以及可能对我国实务产生的影响，为我国会计准则的国际化发展建言献策。这为我国持续推进会计准则国际化造就了一批卓越的会计人才。

（3）提升我国会计国际地位，降低反倾销调查概率。在国际趋同过程中，我国立足于本土国情，积极向IASB反馈意见，最终促成有关准则吸纳我们的建议进行了制定或修订，这为承认我国市场经济地位、提升会计国际地位奠定了坚实基础。另外，国际贸易中的反倾销调查往往依赖国际认可的会计信息，我国CAS与IFRS趋同之后，企业在应对反倾销调查时，提供会计报表的真实性就不能被轻易否定，这会降低反倾销调查概率。

10.4.2 我国CAS国际趋同的负经济后果

（1）CAS与法律制度之间的冲突及表现。财务会计的首要目标应当是以加强管理为宗旨，致力于促进实体经济发展，为企业经营管理和国民经济管理提供具有法律证据力的财务状况和经营业绩信息，而不是满足投资者的信息需求（周华等，2009）；IFRS仅仅是适用于资本市场的游戏规则，其理论基础从最初的“法律遵从型”会计理论演化为“金融预期型”会计理论，实质上是一套金融分析规则。我国 CAS 国际趋同损害了企业会计账簿和会计报表的法律证据力，因为 IFRS 强调的不是依法记账，而是依预期记账，要求企业报告其资产和负债的公允价值信息。这样就使得公司法、证券法、税法、统计法等法律的微观运行基础被削弱，同时会计报表中大量的金融预期因素对资本监管造成了极大的影响，导致监管成本加大且监管失效。

中国的法律制度属于大陆法系范畴，2005 年之前，我国会计制度“本土特色”鲜明，与 IFRS 趋同采取的是循序渐进的策略。2006 年发布的 CAS，实现了与 IFRS 的实质趋同。与此同时，中国的会计准则由“法律遵从型”转向“金融预期型”。原有的“法律遵从型”会计制度被“金融预期型”会计制度取代，必然导致产权法律制度体系的运行基础发生重大变化，使得会计制度与其他产权法律制度发生冲突，降低会计信息的法律证据力。当前存在的主要冲突有：

（1）严格执行会计准则生成的会计信息，其真实性仍未得到法学界的广泛认可。究其原因是“金融预期型”会计制度规范的会计处理引入了含有主观性的计量属性（如公允价值、现值、可变现净值等），使得其证明力或公信力大大降低，而法学界坚持的认定会计信息真实性的标准是“法律遵从”，主张程序理性与结果理性协同一致，这就使得会计法律制度体系正常运行所需的会计信息难以由“金融预期型”会计准则提供，导致整个会计法律制度体系的运行基础被架空。

（2）会计准则与法律制度的理念发生重大分歧。与 IFRS 趋同后，会计准则的理念是决策有用，淡化了受托责任，更是漠视了会计信息的宏观经济作用。会计准则逐渐沦为市场参与主体之间的一种游戏规则，与法律制度一贯坚持的准确界定产权和有效保护产权的理念相背离。如将未实现的利得和损失纳入损益或所有者权益将导致该部分利润具有不可分配性以及净资产虚增，这与公司法“利润具有可分享性”以及“净资产增加不含预期”的理念相悖。

（3）会计准则与税收法规彻底分离。金融预期型会计准则与税收法规彻底分离的集中表现是企业所得税中应纳税所得额与会计利润之间的差异进一步扩大。税收征管的基础是“查账征收”，“账”就是会计账簿及源自账簿的报表。但目前税法中的收入、费用、应纳税所得额与会计中的收入、费用、利润在定义、包含的内容、确认标准等方面均存在较大差异，这就使得所得税的征管须在“会计利润”的基础上进行大量调整以得出应纳税所得额，无疑增加了纳税调整成本。而在“法典式会计制度”或法律遵从型会计制度中，这种调整很少或几乎没有。金融预期型会计准则导致会计核算结果不被税收法规认可，削弱了税法的运行基础。

2. CAS 与法律制度冲突的应对策略

记账方法、民商法（主要是公司法）、经济法（主要是税法）构成了会计法规的三要素，其中只有记账方法是可以趋同的，所以我国应该在尊重本土法律制度和自主文化传统的基础上，切实完善企业会计法规体系，可考虑将会计制度融合在民商经济法律制度之中，确保会计制度与财税法、公司法的和谐一致（周华等，2009）。

理论上讲，要彻底满足投资者决策有用私人目标和法律制度社会目标，就必须采纳双重计量和双重列报：采用完全的公允价值计量基础满足投资者决策有用的私人目标，采用严格的历史成本计量基础满足法律制度的社会目标。双重列报的主旨就是在现有列报的基础上将预期成分删除从而为法律制度的正常运行提供会计信息支撑，同时扩大公允价值运用范围为投资者决策提供最相关的会计信息。这种双重计量和双重列报不仅适用于虚拟产权，也适用于实体产权。这样既可以在理论上融合“法律遵从型”会计制度与“金融预期型”会计制度之所长，也可以在实践上最大限度地满足不同的利益诉求并适当地简化会计规则、降低信息成本。此外，IFRS 的服务对象主要是证券投资者，它并未将金融稳定视为其目标。这就表明，资本监管规则应当以历史成本会计为基础，即银行业、保险业、证券业等的金融监管规则应一律采用历史成本会计信息。但是，现行准则是一个由历史成本计量基础和公允价值计量基础组成的混合计量系统。为了按照中国 CAS 提供会计信息，我们还需要按 CAS 标准来列报会计数据。基于此，未来的会计信息若要同时实现其决策有用的私人价值目标、法律所需的社会价值目标和国家要求的列报规范，须推行“三重”列报结构。

总之，趋同不是让一个国家或地区会计准则单方面向 IFRS 靠拢，而应是在会计准则制定过程中 IASB 与各国家或地区准则制定机构之间相互沟通、相互借鉴、相互认可（杨敏等，2011）。虽然我国会计准则国际趋同会不可避免地导致国内、国际经济利益的重新分配，直接或间接地影响我国的经济利益，但总的来看，趋同的利终归是大于弊的。我国应在“趋同是方向、趋同不等于等同、趋同是过程、趋同是互动和趋同是新的起点”的指引下，充分考虑本土国情，通过积极参与 IFRS 制定各层面机构的工作和在技术层面与 IASB 建立多层次的交流与沟通机制，在 IFRS 的制定和修订中积极争取发展中国家、新兴经济体的发言权，实现我国 CAS 与 IFRS 持续全面趋同。[①]

---

① 本章与刘文溪、陈许和姚位燕合作，发表于《管理现代化》2013 年第 4 期。

第11章

产权保护、二元准则与适应性效率

11.1 问题缘起

2011年10月18日，财政部发布了《小企业会计准则》（SMS），自2013年1月1日起开始在小企业中施行，鼓励小企业提前采纳执行。该准则旨在规范小企业会计确认、计量、记录和报告行为，促进小企业可持续发展，充分发挥小企业在国民经济中的重要作用。这是继2006年2月15日财政部发布“1项基本准则+38项具体准则”《企业会计准则》（CAS），实现与IASB（国际会计准则理事会，下同）国际财务报告准则（IFRS）趋同之后，再次与IASB发布的中小实体财务报告准则（SMEs）趋同。IASB认为，SMEs被设计用来满足中小实体（主要是中小企业）的需求，中小规模实体在全世界大约占95%的比例，与IFRS和许多国家的GAAPs（公认会计原则，即会计准则）相比，SMEs适当简化。这种简化有利于降低执行SMEs的成本，获取制度变迁的收益。至此，“CAS+SMS”体系的发布，标志着中国企业会计准则体系正式建成。学者们在针对大中型企业的会计准则研究中，倾注了大量心血，研究主要集中在以下几个方面：一是研究准则执行及其与盈余管理的关系（姜国华等，2006；沈烈和张西萍，2007；Skinner，2011；Demerjian，2011；Ching *et al.*，2011）；二是研究准则趋同、差异及其经济后果（Zeghal and Mhedhbi，2006；刘玉廷，2007；Peng *et al.*，2008；

Ding et al.，2009）；三是利用（Easton and Harris，1991）收益模型（Yoon，2008；El-Gazzar *et al.*，2009；漆江娜和罗佳，2009；朱凯等，2009；Song *et al.*，2010）、Barth and McNichols（1994）和 Francis and Schipper（1999）模型以及（Ohlson，1995）剩余收益定价模型（欧阳爱平和徐俭，2009；Dimitrios *et al.*，2010；王建新，2010）检验会计信息的价值相关性；四是探讨会计准则制定、法律环境与会计履约（刘浩和孙铮，2005；贺建刚和刘峰，2006；颜延，2007；刘启亮，2010；Kohlbeck and Warfield，2010；Bengtsson，2011）。但是，限于数据约束对实证研究的制约，学者们对小企业会计准则的关注明显不足，主要针对小企业界定（刘永泽和孙光国，2007；冯银波，2011）、小企业会计准则目标（崔金勋和史安娜，2010；蒋丹丹，2011））、小企业会计准则制定模式（孙光国，2009）、小企业会计准则制定应遵循的原则（司茹，2010；顾久炜，2011）以及小企业会计准则与CAS和税法的协调（崔金勋，2011；王秀敏，2011）等方面进行研究。这些探讨为本书奠定了重要基础，但当前研究存在的缺陷集中在：一是未将CAS和SES结合起来进行比较研究，对CAS投入过多研究力量，而对SES的关注明显不足；二是立足中国特有的制度环境，运用产权理论、交易成本理论和制度变迁理论来探讨准则适应性效率问题的文章凤毛麟角。本书拟将CAS和SES结合起来进行分析，力争在弥补上述缺陷方面有所增益。

11.2　产权保护导向的二元结构准则体系

现代企业是多边契约关系的联结，是利益相关者交易产权的结果。企业是对市场的替代（Coase，1937），是由一种内部控制契约替代另一种自由市场交易契约。在内部控制契约中，通过要素所有者的合作，能充分利用其比较优势，提高企业生产率，进而提高要素所有者的报酬。这在一定程度上促进了报酬支付与生产率的一致性，使得个人收益率与组织收益率保持一致，是组织效率的源泉。因为，如果报酬是随机任意支付的，不考虑生产者的努力，这种组织就没有提供生产性努力的激励；如果报酬支付与生产率负相关，必将在组织层面引致“猖狂”的分配性努力，从而偏离组织目标，导致组织瓦解。即在经济组织问题上存在两个至关重要的需求——计量投入的生产率以及对报酬的计量（阿尔钦等，2002）。这种计量的重要性在于，它能促进所有要素投入者的合作，发挥各自在专业化分工与协作中的比较优势，提高整个组织的生产率，其目的就是设计一种计量机制，使得报酬符合投入的生产力，这是效率的源泉（费方域，1998）。即如果经济组织的计量能力弱，报酬支付与生产率之间缺乏必然联系，组织的生产率就会受到减损；但如果经济组织的计量能力强，报酬支付与生产率之间存在紧密联系，生产率就会得到刺激，使得个人收益率趋向于组织收益率，在组织层面促进生产性努力的增长。会计就是信息不对称条件下经济组织的一种最基础、最重要和最具操作性的微观计量机制，它通过对投入与产出的直接测度，内部化生产经营过程中的外部性，内在地提供生产性努力的激励。

会计对产权的贡献是与生俱来的，并一直成为产权思想的忠实随从，其产生、发展和变更的根本使命是：体现产权结构、反映产权关系、维护产权意志（伍中信，1998）。会计的本质是外部性内部化，会计的目标是内部化外部性，会计的对象是财权流，会计的职能是界定财权和保护财权。会计是以货币为主要量度，依据公认会计标准来界定财权和保护财权以内部化外部性的微观计量系统（曹越和伍中信，2011）。鉴于财权是产权的核心权能，因而会计的职能也可近似表述为“界定产权和保护产权”。准确界定产权是高效交易产权的前提，是有效保护产权的基础；有效保护产权是准确界定产权的保障和归宿。产权的载体是契约，契约的基础是产权（洪银兴，2007）。会计准确界定产权和有效保护产权需要借助会计准则这一产权制度形式来实施。会计制度是一个社会的博弈规则，是一些人为设计、型塑人们互动关系的约束，它构造了人们在经济领域中交易的激励，彰显了保护产权的内在要求。会计制度变迁反映了人类历史中经济社会的演化方式，是理解经济史变迁的重要方面。产权制度要解决的核心问题是激励问题，即如何使得个人对自己的行为负责。如果每个人都对自己的行为承担完全的责任，社会就可以实现帕累托最优状态（张维迎，2006）。解决激励问题的关键是在企业的基础层面建立会计核算系统，计量企业财富与要素所有者的投入，降低信息不对称，遏制分配性努力，促进生产性努力，保护要素所有者正当、合理的财产权益。

然而，会计准则对产权的保护需考虑成本效益原则。当产权界定的成本小于收益时，通过制定更加明细的准则条款来对该类产权进行更明晰的界定是有利可图的，对该类产权进行准确界定的规则就使得原先的准则内在地具有了可扩展性，逐渐形成“规则基础”的会计准则制定与完善思路。当产权界定的成本大于等于收益时，对该类产权进行更明晰的界定是无利可图的，从而使得该类产权处于公共领域，利益相关者将会对公共领域中的“产权”进行寻租，引致分配性努力，导致该类产权租值耗散，直至寻租成本等于寻租收益为止，为了遏制这种“公地悲剧”，保护处于公共领域中产权，会计准则应提供指导性的会计处理原则，逐渐形成“原则基础”的会计准则制定和完善思路。因而，任何一个准则体系，均是一个涵盖“规则基础 + 原则基础”双重基础的混合体，这决定了现实中的会计准则是以“会计目标”为导向，针对产权契约的完备程度来设计的，对于产权契约中完备部分，采用“规则基础”的准则制定思路，对于不完备部分，则采用“原则基础”的准则制定思路。即：

有效产权保护的逻辑条件为：

（1）产权界定成本 $\geq$ 产权界定收益，无利可图，公共领域，原则基础会计准则；

（2）产权界定成本 $<$ 产权界定收益，有利可图，私人领域，规则基础会计准则。

会计准则双重基础混合体形成逻辑如图 11－1 所示：

图 11－1　会计准则双重基础混合体形成逻辑

依此逻辑，现实中企业（会计主体）的会计核算，完全可以在一套准则体系中进行规范，形成“一体法”的“一元”准则体系，即将针对大中型企业和小企业的会计核算规范，在一套准则体系中进行规定。然而，这种“一元”准则体系未能充分考虑大中型企业与小企业执行准则的成本差异、会计信息需求差异、业务繁简程度差异以及社会公众责任差异。“一元”准则体系势必导致准则本身“规范超载”。与大中型企业相比，小企业会计人员普遍存在业务素质不高、业务能力不强的特点，小企业会计信息需求方主要为税务部门、金融机构和工商管理部门，小企业的业务为常规业务且相对简单。小企业数量众多，但是单个小企业因其不具有公共责任、规模小而并未受到社会的普遍关注。卢新国（2009）通过对六个省891户小企业执行《小企业会计制度》情况的调查，发现小企业财会人才匮乏、税收征管方式不合理、相关部门解释不力、会计服务不到位和制度本身不完善是导致《小企业会计制度》实施情况不理想的主要原因（卢新国，2009）。小企业的这些特点决定了“一元”规则体系必将导致小企业会计准则执行成本高昂，准则执行收益有限。当准则执行成本大于等于执行收益时，小企业的明智选择是不执行准则，这不利于保护小企业利益相关者的产权，与准则制定的初衷背道而驰。基于此，现实中世界上许多国家采取了“分立法”思路，即针对大企业和中小企业分别制定准则，从而形成“二元”结构准则体系。2006年2月15日财政部发布的CAS适用于境内大中型企业；为了降低制度执行成本，提高制度收益，改变《小企业会计制度》实施情况不理想的现状，助推小企业可持续发展，2011年10月18日财政部发布的SES适用于境内符合《中小企业划型标准规定》（2011）[①] 中的小企业，但除“股票或债券在市场上公开交易的小企业、金融机构或其他具有融资性质的小企业、企业集团内的母公司和子公司”三类企业外。SES中的“小企业”不仅遵循了《中小企业划型标准规定》中的“规模”这一定量标准，还采纳了是否具有“社会公众责任”的定性标准，从“定量+定性”两个层面界定了小企业，是一个重要的进步。SES的发布，对于界定小企业利益相关者的产权，进而有效保护小企业财产权利具有重大意义。因为小企业是国民经济和社会发展的重要力量，促进小企业的发展、壮大和繁荣，是保持国民经济可持续发展的重要基础，是关系民生和社会稳定的重大战略任务。SES是贯彻落实《中小企业促进法》、《国务院关于进一步促进中小企业发展的若干意见》等相关政策法规的重大举措，对于加强小企业内部管理、税收征管和贷款管理而言，具有非常重要的现实意义。至此，CAS和SES的发布，标志着我国正式建成“二元”结构会计准则体系。

① 2011年6月18日，工信部、国家统计局、国家发改委和财政部联合发布了《中小企业划型标准规定》，依据企业从业人员、营业收入、资产总额等指标，结合行业特点，将中小企业划分为中型、小型和微型三大类，旨在贯彻落实《中华人民共和国中小企业促进法》和《国务院关于进一步促进中小企业发展的若干意见》。

11.3　二元结构准则体系差异及其适应性效率

通过比较CAS与SES，我们发现，两者的差异主要体现在：

首先，两者适用范围不同。CAS适用于大中型企业，小企业可选择执行该准则。而SES适用范围仅限于《中小企业划定标准》规定的除“股票和债券在市场上公开交易的企业、金融机构或其他具有金融性质的小企业以及企业集团内的母公司和子公司”三类企业以外的小型企业。执行SES的企业，发生的交易或事项在准则中没有规定的，可以参照CAS相关规定处理。执行CAS的小企业，不得在执行CAS的同时，选择执行SES的相关规定。从这里可以看出，在某种程度上，SES是以CAS为母本、经过简化而制定的。

其次，两者会计科目设置有所不同。CAS共设置一级会计科目162个，包括资产类科目73个、负债类科目36个、共同类科目5个、所有者权益类7个、成本类7个和损益类34个。SES共设置一级科目66个，包括五大类科目，分别是资产类科目32个、负债类12个、所有者权益类5个、成本类5个和损益类12个。SES大部分会计科目和CAS会计科目的名称相同，意义也相差无几（抛开适用范围而论）。比如，SES中资产类32个科目中，有29个会计科目的名称和CAS科目名称完全一样，科目的定义也几乎一样；负债类12个科目除“应付利润”科目外其他11个科目和CAS负债类相关科目名称相同，定义几乎相同；所有者权益类5个科目，成本类科目和损益类科目与CAS相关科目也有类似的关系。

再次，两者个别科目及账务处理存在差异。（1）对于资产类科目而言：①SES规定对资产不允许计提减值准备。SES规定：小企业的资产应当按照成本计量，不计提减值准备。资产的减值损失要在实际发生时计入营业外支出。已计入营业外支出的资产价值减损在以后期间又得以收回的直接计入营业外收入。而CAS则明确要求当资产存在减值迹象时，应当估计其可收回金额，可收回金额低于其账面价值的，应当将资产的账面价值减记至可收回金额，减记金额确认为资产减值损失，同时计提相应的减值准备。这种规定体现了SES

与税法的协调，有利于降低纳税调整成本，也消除了资产减值的专业判断，这对于 SES 的有效实施是大有裨益的。②SES 没有对与资产相关的时间价值作出相关规定。如 SES 规定：融资租入的固定资产的成本，应当按照租赁合同约定的付款总额和在签订租赁合同过程中发生的相关税费等确定。对融资租赁业务的账务处理并没有出现“未确认融资费用”这个科目。而 CAS 对融资租入固定资产业务则考虑了相关资产的时间价值，规定融资租入的固定资产，在租赁期开始日，承租人应当将租赁期开始日租赁资产公允价值与最低租赁付款额现值两者中较低者作为租入资产的入账价值，将最低租赁付款额作为长期应付款的入账价值，其差额作为“未确认融资费用”，其中计算最低租赁付款额现值时须按规定选择折现率。另外，SES 规定：长期债券投资对债券折价和溢价的摊销也是按照直线法摊销而不是像 CAS 规定那样须对长期债券在初始确认时先通过计算得出一个实际利率，并且对长期债券的折价和溢价的摊销要按照实际利率计算，并按照长期债权(“持有至到期投资”) 的摊余成本乘以实际利率确认长期债权的投资收益。SES 对长期债券投资产生的投资收益是按照票面价值乘以票面利率计算得出的。这种规定是符合小企业的实际情况的，一方面小企业难以取得可靠的公允价值，另一方面小企业难以作出合理的专业判断，加之从与税法协调的角度考虑，SES 采纳了历史成本计量，这降低了准则执行成本。③SES 通篇没有提到过“公允价值”这一概念。除投资者投入的资产外，所有的资产无论是流动资产和非流动资产在初始计量时都是按照成本计量。投资者投入的资产都是按照资产的评估价值加上相关税费进行初始计量。资产的后续计量也没有提到公允价值的计量方法。而 CAS 规定会计的计量属性主要包括历史成本、重置成本、可变现净值、现值和公允价值五种；企业在对会计要素进行计量时，一般应当采用历史成本，采用重置成本、可变现净值、现值、公允价值计量的，应当保证所确定的会计要素金额能够取得并可靠计量。这说明，CAS 对会计要素的计量方法没有限制在五种之中的具体哪一种，而是由企业根据具体情况选择最合适的一种。比如，投资性房地产的后续计量，企业可以根据自身面临的市场环境及实际情况，选择成本模式计量或公允价值计量。这主要是为了减少 SES 执行过程中专业判断并与税法相协调。④两者具体科目的设置有所不同。SES 设置了“短期投资”、“周转材料”和“长期债券投资”科目，其意义大致可与 CAS 中“交易性金融资产”、“包装物及低值易耗品”和“持有至到期投资”相对应。而且，由于 SES 规定对资产不计提减值准备并且对会计要素的计量属性只是历史成本这一种，当然也就不存在各类“减值准备”科目、“减值损失”科目、“未确认融资费用”以及“未实现融资收益”等科目。另外，SES 对“长期股权投资”只规定了一种核算方法—成本法，而 CAS 则分不同的情况对“长期股权投资”规定了成本法和权益法两种核算方法。（2）对于负债类科目而言，与资产类科目相同，SES 对负债类科目的计量属性也没有提到公允价值和现值。“长期借款”科目核算小企业向银行或其他金融机构借入的期限在一年以上的各项借款本金。核算时不计算实际利率，计提财务费用时按照借款本金和借款合同利率计算。而 CAS 对长期借款的核算则分“本金”、“利息调整”、“应计利息”等明细科目。在初始确认时需要计算长期借款的实际利率，在资产负债表日按实际利率法确认资本化或费用化的借款费用，并倒挤长期借款折价的摊销金额。同样，SES 对融资租赁业务也是不考虑长期应付款的时间价值的。另外，SES 设置了“应付利润”科目而没有设置 CAS 中的“应付股利”科目，这与其适用于小企业是相关的。因为小企业一般不是股份制企业，不需通过“应付股利”核算，其利润分配通过“应付利润”核算即可。（3）相对于 CAS 而言，SES 对所有者权益和损益相关科目的变动很小。“销售费用”科目特别规定了小企业（批发业、零售业）在购买商品过程中发生的费用（包括运输费、装卸费、保险费、运输途中的合理损耗和入库前的挑选整理费用等）也构成销售费用。CAS 规定这类费用应计入所购买存货的成本。此外，SES 没有设置共同类会计科目。

最后，关于列报要求的差异。SES 要求小企业披露的信息资料相对来说要简单很多，没有对合并财务报表、分部报告、每股收益、关联方披露等做出相关规定。这当然与其适用范围相关。财务报表组成部分包括资产负债表、利润表和现金流量表和财务报表附注，没有强制要求列报所有者权益变动表。并且小企业对会计政策变更、会计估计变更和会计差错更正均采用未来适用法进行会计处理。而 CAS 规定一般情况下的会计政策变更是采用追溯调整法，在当期期初确定会计政策变更对以前各期的累积影响数不切实可行的，采用未来适用法处理。CAS 规定企业应当采用追溯重述法更正重要的前期差错，确定前期差错不切实可行的，也可以采用未来适用法。

CAS 和 SES 存在的上述差异，是其提高自身适应性效率的重要基础。经济史告诉我们，很难随意性地将建构性制度框架强加在人们身上并强制执行，这将导致高昂的制度执行成本。因而，制度的适应性效率旨在寻求一种制度安排，使得与其他制度安排方案相比，能最小化制度运行的成本。适应性效率需要一套能够迅速适应冲击、扰动和普遍不确定性（这是每一个社会的历史特征）的制度体系，这种灵活的制度是以非正式约束所形成的信念为基础的（诺斯著和钟正生等，2007）。适应性效率提高的关键是建立非人格化的交易制度，杜绝寻租等人格化交易制度，通过准确界定产权以有效保护个人财产权利；同时，国家必须提供尊重这些权利的可信承诺，防止官员的机会主义和掠夺行为。“二元”结构会计准则体系决定了“二元”结构准则的适应性效率。

CAS 的适应性效率体现在：一是适应经济发展进程的需要。伴随着“入世”而来的经济全球化，中国经济无论在广度还是深度上正快速融入世界经济体系中，这迫切需要一套在全球范围内得到认可的 GAAPs 来规范大中型企业的会计行为，提供认可度高、公开透明、真实公允的高质量会计信息，满足中国企业在全球市场上进行生产经营、投融资决策的需要，降低境外交易成本。与 IFRS 趋同的 CAS 正顺应了这一历史潮流。二是完善市场经济体制的需要。市场经济是法制经济、信用经济，法制建设和诚信建设均需 CAS 在企业基础层面提供真实、公允的财务信息，促进资源高效配置、有序交易，避免无效投资和资源浪费。三是维护社会公众利益的需要。大中型企业控制着国民经济的命脉，与民众生活息息相关，与广大投资者权益紧密相连，符合国际惯例的 CAS 有助于各类投资者作出理性经济决策，从而吸纳境内外投资者投资，平等保护各类投资者的财产权利。

SES 的适应性效率主要表现在：一是提升小企业内部管理水平。通过学习 SES，提高会计人员业务素质，增强小企业负责人对会计工作的重视程度，提高会计信息质量，准确界定小企业的财务状况、经营成果和现金流量，为小企业内部管理决策奠定坚实基础。二是促进小企业税负公平。小企业实施 SES 后，将为税务征管中的“核定征收”转变为“查账征收”创造最重要的基础条件，使得小企业与税务征管部门之间交易从“核定征收”这一人格化交易转变为“查账征收”这一非人格化交易，符合条件者可享受小型微利企业低税率等优惠政策，从而获得公平税负，有助于遏制分配性努力，降低寻租成本，促进生产性努力的增长。三是切实缓解小企业融资难题。缺乏资金、融资难是制约小企业发展壮大的瓶颈之一，SES 实施前，因高昂的执行成本，很多小企业未能真正执行《小企业会计制度》，从而使得银行等金融机构对小企业放贷时无法判断其偿债能力和盈利能力。各类金融机构从稳健经营、防范坏账风险角度拒绝给予小企业贷款。实施 SES 之后，企业须编制资产负债表、利润表和现金流量表及相关附注，这为金融机构的贷款决策提供了重要依据，小企业将获得更多资金支持。四是降低了准则执行成本。SES 比 CAS 更简明，考虑到小企业会计人员素质低、业务能力不强等因素，准则中涉及的专业判断大大减少，适应了小企业财会人员的实际情况，在获取准则收益的情形下，大大降低了准则执行成本，有助于 SES 的有效实施。①

① 本章与赵春生合作，发表于《中南财经政法大学学报》2012 年第 2 期。

第12章

两大法系会计法律制度：架构、特征与适应性效率

12.1 问题缘起

市场经济本质上是产权经济、法制经济。良好的市场经济秩序离不开会计对存量财产权利的准确计量和对增量财产权利的恰当反映。中国从社会主义计划经济体制到市场经济体制的转型，堪称“历史上最为伟大的经济改革计划”（张五常，2009），是哈耶克“人类行为意外结果理论的一个极佳案例”（科斯和王宁，2013），使得资源配置由市场经济的“产权规则”取代计划经济的“等级规则”。中国经济的成功转型实质上是一场产权改革和制度变革，彰显了产权保护制度的高适应性效率，这是解释“中国奇迹”的关键。制度适应性效率是指制度依据经济社会环境的变化而进行调整，适应经济社会发展要求。适应性效率所关注的是那些助推经济之长期演化方式的规则，它为分散化决策过程的发展提供了激励，鼓励人们去发掘各种解决问题的方法。

产权界定和产权保护是现代会计的两大基本职能（曹越等，2011）。会计通过会计核算系统准确界定产权，为市场经济产权“等价交换”原则的确立奠定了可具操作性的基础，同时反过来促进了市场交换，使得市场规模呈现出“累积性增长”态势。充分发挥会计功能，是促进生产性努力增长，确保经济持续、健康发展的关键，而这又依赖于一套高质量的会计法律体系。会计法律制度系指调整经济关系中有关的各种会计法律规范的总称，它是经济法律制度

体系中的一个重要组成部分（郭道扬，2004）。市场主体之间产权交易对资产计价和收益决定的基础性依赖表明会计法律制度体系是市场经济正常运转的基础性产权保护制度。国外学者讨论了普通法和司法程序对会计准则制定的影响（Mills，1993）、法律诉讼与会计虚假陈述（Kellogg，1984；Lennox and Li，2014）、法律哲学与公认会计原则本质（Gang and Hussein，1996）以及企业作为会计主体的法律涵义（Biondi *et al.*，2007），但并未直接研究会计法律制度问题。国内学者研究集中在：会计法律制度的理论基础（胡光志，2003）、对财务报告质量的影响（卢太平等，2005），会计法律制度体系建立的历史过程、主要特征、影响因素、运行规律及演进趋势（郭道扬，2002；2004）。上述研究为本书奠定了基础，但并未讨论会计法律制度的适应性效率问题。基于产权保护和制度变迁理论，本书拟系统研究两大法系会计法律制度的架构、特征及其适应性效率，据此设计中国会计法律制度框架体系。这有助于解决会计准则国际趋同引致的与本土法律体系不兼容问题，优化我国会计法律体系，提高适应性效率。

12.2　两大法系的形成

法律的进步与发展体现各时期生活中规则的不同，当生活规则中一部分一旦发展强大到对社会组织形成足够重要的影响力之时，便被人们看作法律，而另一部分便慢慢演变为社会习俗。任何一种有效的法律制度的构建都必须遵循从习惯到习俗、从习俗到惯例、从惯例到法律制度的内在逻辑演进过程。只有这样，一种法律制度才能高度遵循产权域秩序[①]，才具备有效性。历史法学派、韦伯和哈耶克都坚持“法律源自习俗与惯例，是习俗规则即惯例经司法先例的累积或主权者认可而形成的”这一观点，英美普通法体系基本上是建立在从习俗、惯例到先例进而到法律规则这一内在演进机制基础之上（韦森，

① 产权域秩序是不同的产权主体以其所投入的资源为依据而对分享产权界区内“价值流”和“权利流”的份额及比重进行冲突与协调的结果，是产权博弈过程中的动态均衡。参见：伍中信、曹越：“产权保护、‘三域’秩序与审计信息真实性，《会计研究》，2007 年第 12 期：82～88。

2001)。在欧洲大陆的制定法体系(大陆法系),也与社会习俗有着紧密的联系,是在习俗、惯例规则的基础上运用工具理性主义来建构的。大陆法系的代表国家是法国和德国,该法系传承了罗马法传统,法国六法①的大多数条款和内容均源自法国大革命前的社会习俗、惯例及习俗法的内容和制度。《德国民法典》和《德国商法典》的实质内容是对德国当时习俗和商业惯例实践的认可和肯定。所以,不管是英美法系还是大陆法系,其法律渊源具有同一性,即均源自各自国家的习惯、习俗和惯例,两者的区别在于:英美普通法系坚持"判例法"运作机制,从习俗到惯例再到法律规则的演进是在"遵循先例"的原则中"自然"完成的;而大陆法系坚持"程序立法"机制,习俗与惯例成为法律是通过"国家"或"主权者"意志依法定程序确定下来。

12.3 英美法系会计法律制度的架构、特征与适应性效率

12.3.1 英美法系会计法律制度的架构

(1) 英国会计法律制度的架构体系。

①通过宪法确立"权利法案"精神。英国的宪法渊源是成文的宪法性法律、不成文的宪法惯例及涉宪的判例。宪法中有关产权规制的有:1215 年《自由大宪章》中规定任何自由民非经合法程序不得被逮捕、监禁、放逐和没收财产,成为后世权利法案的典范。1628 年《权利请愿书》重申《自由大宪章》对王权限制和对臣民权利的保障。1689 年《权利法案》奠定了君主立宪制,规定不得在判决前没收特定人的财产,臣民有向国王请愿的权利。1911 年和 1949 年的《议会法》明确了国家保障公民自由、财产权利的责任与义务。另外,宪法惯例和宪法判例均确立公民各项自由权利(含财产权利)无故不得侵犯的原则。

① 《法国宪法》(1799-1804)、《法国民法典》(1804)、《法国民事诉讼法典》(1806)、《法国商法典》(1807)、《法国刑事诉讼法典》(1808) 和《法国刑法典》(1810)。

②依据“权利法案”精神形成财产法、契约法、侵权行为法和继承法。英国的财产法是调整财产所有、占有、转让、继承、信托及合法利用的各种法律关系的法律规范的总称，涉及动产和不动产在内的财产的买卖、租赁、抵押和继承、信托及破产等。影响较大的财产法律制度有地产制和信托制，两制度确立了地产产权归属和财产权的受托责任关系。契约法的主要来源是判例法，确立了“协议”和“对价”是契约的两种基本要素，签订标准化的契约条款和履行契约的具体规定集中体现了对财产权流转过程的保护。侵权行为法属于债法领域，先后出现过“过错责任原则、比较责任原则和严格责任原则”，强化了对受害者的产权保护。而继承法则为产权的永续流转（代际流转）和不被没收确立了法律依据。上述四种立法从产权归属、流转、受损和继承四个维度对界定产权和保护产权作出了质的规定，维护了市场经济秩序，促进了英国产权经济建立与发展。

（3）英国的《公司法》和《破产法》是专门针对公司设立、经营、变更、解散、破产清算的法律制度，是会计法律制度体系的重要组成部分。1844年《合股公司法》颁行，奠定了英国现代公司法的立法模式与框架。《合股公司法》中的会计条款有：公司必须设置账簿并正确登记账簿，须定期试算平衡，应编资产负债表并提交股东大会；公司账目及报表须经监事审查，具体审查人员须为特许会计师，审计报告须在股东大会上宣读。1848 年和 1849 年的《破产法》内容与 1844 年《公司法》协调一致，对财产清算过程中破产债权债务、计价及破产财产分配中的会计核算问题进行了规范。

（4）英国的会计准则。20 世纪 30 年代中期及以前，英国公司会计以《公司法》为依据进行会计处理。30 年代中期成立“会计研究会”开始研究会计准则。1942 年英格兰及威尔士特许会计师协会开始研究与制定会计准则工作，1976 年联系六大职业会计团体成立了“会计准则委员会”（ASC），后来于 1990 年被会计准则理事会（ASB）取代。ASB 于 1999 年发布了英国的财务会计概念框架（CF），即“财务报告原则公告”。2012 年 7 月，在改组 ASB 的基础上，成立了“财务报告委员会”（Financial Reporting Council，简称 FRC），FRC 负责将自己制定的会计准则和之前 ASC、ASB 制定的大部分准则重新命名为“财务报告准则”（FRSs）。

2. 美国会计法律制度的架构体系

美国的会计法律体系涵盖宪法、民商法与会计准则体系三个大类。

（1）美国宪法的历史渊源是《独立宣言》和1781年的《邦联条例》。《独立宣言》以“天赋人权”和“社会契约”为理论基础，宣称“人人生而平等，生命权、自由权和追求幸福的权利不可转让”，这为1787年联邦宪法奠定了思想基础。1787年宪法确立了分权、制衡与限权政府原则，强调了对公民人身权、自由权和财产权的保护，从而使其成为美国的“权利法案”。

（2）美国的民商法涵盖财产法、合同法、侵权行为法、继承法、公司法、买卖法、票据法、保险法、破产法等。财产法是美国民商法最重要的内容，散见于判例法、制定法及政府行政规范中，规范财产的占有、使用、收益和处分。与英国不同，美国更注重财产成文立法，美国将财产权看成“独有的和专断的支配权”，认为财产权的行使是个人自由意志的体现，彻底贯彻“绝对私有权”原则。美国合同法渊源是普通法和制定法，主要有《统一商法典》，确立了契约合意、契约必须履行及契约必须符合规定的原则，奉行保护财产的有效转让和买卖原则。美国侵权行为法体系中，以州法律为主，其基本倾向是对侵权赔偿加以限制，同等程度地保护企业利益和受害人的财产权益，确立了过错责任、风险负担、同伴工人过错、近因、豁免原则。美国公司法主要渊源是私人诉讼判例和成文立法，主要属于州法范畴，其公司法制度源自英国法。19世纪下半叶，各州对公司权利、义务、解散、清算等问题作出新的明确规定，如将诚实交易原则作为公司行为规范，确立有限责任制度。破产法在美国属于联邦法范畴，破产程序是其核心。1898年，为在全国建立统一的破产制度通过了《联邦破产法》，之后几经修改延续至今。该法致力于最大限度地兼顾破产程序中债权人和债务人的双方利益，侧重保护社会整体利益，主张“破产损失分担主义”。美国的民商法是贯彻宪法“权利法案”精神的关键，有关产权主体财产权利的归属与流转是其主要内容。这些民商法中，尤其是公司法与破产法中均直接或间接涉及会计账目、账簿、报表等会计问题的规范，表明其是会计制度的上位法。

（3）美国的会计准则体系由1973年成立的财务会计准则委员会（FASB）成功构建。通过陆续发布8份财务会计概念公告（SFAC），用以指导具体会计准则的制定。具体会计准则是专门针对实务中会计核算的具体规定，是会计核算的直接依据。目前，FASB已经发布168项财务会计准则公告（SFAS），并致力于会计准则编纂（Codification）和公认会计原则（GAAP）的层级建设。

12.3.2　英美法系会计法律制度的特征

英美会计法律制度的主体内容由宪法、财产法、合同法、侵权行为法、继承法、公司法和破产法中有关财产权质的规定性与量的规定性以及会计准则构成。在这一体系中，宪法属于“权利法案”，处于至高无上的统驭地位，对财产权利作出最重要的原则性规定，而“财产法——合同法——侵权行为法——继承法”则是“权利法案”精神的具体化，是关于“产权——债权——财产继承权”三位一体的产权规范，其中财产法侧重界定产权归属，合同法侧重规范产权流转过程中的债权债务关系，侵权行为法侧重产权受到侵害时的法律救济，而继承权则侧重产权的代际流转及其安全性。三位一体产权规范的内在逻辑是“产权——交易——侵权——救济——继承”，即产权界定（归属）是产权交易的前提，只有清晰界定的产权才能合法交易，当产权受到侵害时，必须规定相关的救济措施对受损方的产权进行保护，当产权主体因生命终结时，需界定其产权由下一代继承。只有符合这个逻辑，才能激发产权主体创造财富的积极性，正所谓“有恒产者有恒心”。公司法和破产法专门针对公司设立、经营、变更、破产、清算等涉及的财产权问题进行规范，是将“财产法——合同法——侵权行为法——继承法”在公司层面的进一步细化，这就要求作出关于公司财务状况、经营成果形成与分配、公司破产清算过程中财产变卖与债务承担的具体规定，而这正是有关会计核算的基本要求，即公司法和破产法中涉及产权定量的规范均直接或间接与会计规范相关。会计准则则是对公司法和破产法中涉及的对产权定量规范的再次细化，从而为解决产权的量化问题提供最基础、最重要和最具操作性的规定。

12.3.3　英美法系会计法律制度的适应性效率

英美法系会计法律制度的形成过程中，遵循着从习惯、习俗、惯例、先例到法律制度的逻辑，其法律形式主要是判例，判例法至今仍处于主体地位，制定法处于从属地位。司法实践中，法官不仅拥有司法审判权，还享有司法解释权及由“先例原则”决定的事实上的立法权。英美会计法律制度主要由公司法、破产法直接决定，“遵循先例”的原则构成了这一判例法占主导地位的会计法律制度体系的生命力。先例是通过事实和法庭判案结果所沉淀下来的抽象规则和原则，该原则一定程度上限制了法官判案的随意性，并使其法律体系本身保持了一种稳定性、传承性、连续性、发展性及扩展性，以至于在一系列判例的积累中形成了法律规则的前后相接，并型构成一种稳固的法律规则体系（韦森，2001）。英美法系内生于市场交易内部的产权域秩序中，又随着产权域秩序的动态变化而不断通过“先例”进行调整和补充，反过来又作为一种开放的、不断丰富的规则体系维系和规制着人们产权交换中的产权域秩序，从而使得在现代英美法律体系中，会计法律制度体系与产权域秩序之间，存在着一种互相促进、协同型构与共同发展的机制。该机制是一个开放的系统，更能适应市场本身的扩展，从而使得会计法律制度体系适应市场经济变化的能力更强，即其适应性效率高。例如，当前虚拟经济中的产权界定与保护问题亟待会计进行规制，但是如何准确界定虚拟产权和有效保护虚拟产权？英美法系国家的会计准则采纳了公允价值，使得会计准则由之前的“法律遵从型”演变为“金融预期型”。会计准则的这一理念发生重大变化，对英美国家的会计法律制度体系影响相对较小，因为该法系在判案时可“遵循先例”，或创造出之前并未存在的有关虚拟产权的“先例”，形成虚拟产权会计法律制度体系，进而有效保护虚拟产权。这是英美会计法律制度体系具有高适应性效率的典型例证。

12.4 大陆法系会计法律制度的架构、特征与适应性效率

12.4.1 大陆法系会计法律制度的架构

（1）法国会计法律制度的架构体系。首先，以1789年《人权宣言》为宪法基础确立对“财产权”的根本保障。法国是大陆法系国家中制定、颁布宪法最多的国家。1789年的《人权宣言》标志着法国立宪活动的开始。《人权宣言》的核心是规制及保障人民权利，并以此确立国家政权及法制的基本原则。该宣言最后一条强调：财产权是不可侵犯的、神圣的权利。可见，财产权的有效保护是人权保障的关键，即财产权是人权的物质基础。尽管《人权宣言》着重关注人权，但其条款中确立了“权利法案”精神，并以对“财产权”的

保障作为人权保障的基础。

其次，法国的《民法典》和《商法典》在私法领域贯彻宪法“权利法案”精神。《人权宣言》确立了民事权利平等、契约自由、财产权不可侵犯的基本原则，成为“调整人与人之间权利义务关系”的民法基础。1804 年，源于罗马法和习惯法的《法国民法典》颁布实施，该法与财产权相关的主要内容有：①将财产划分为动产和不动产，规定所有权是一种完全的、绝对的、自由的和无条件的权利；②不履行义务的债务人须承担赔偿责任。《法典》确立了民事权利平等、财产权不可侵犯、契约自愿和过错责任原则，从而对“权利”作出了质的规定性。商法典是特别私法，调整商人之间因商事活动所产生的权利义务关系。1807 年的《法国商法典》源于商业习惯法和惯例，该法共四编，其中第一编中“商事事务”中关于商业账簿的详细规定奠定了“法典式会计制度”的基础，后来为适应现代市场经济的发展，《商法典》经多次修改，法典中有关会计审计的法规更加详尽、更具操作性，涉及会计核算的方方面面，并与《破产法》（1889）紧密结合，前后呼应，配合《注册会计师法》和《注册审计师法》的颁行，进而形成体系化的独具大陆法系特色的法典式会计法律制度体系。

再次，1959 年和 1968 年法国的两次税制改革，完成了从分类所得税制向综合所得税制的转变。法国现行税法规定的应纳税所得额与现代会计制度核算的会计利润相一致，从而使得法国的税制与会计制度保持一致，表明会计制度提供的会计信息具有法律证据力，能够得到税法的认可，这是“法典式会计制度”的实质。

最后，1947 年法国颁布“统一会计法案”，经 1957 年修改，有效地贯彻了《商法典》中的各项会计制度。2000 年在法国实行的新“统一会计方案”仍坚守了配合“商法典”中有关会计、审计规定的精神，使得“法典式会计制度”体系得以稳固，并不断调整以适应新形势下的市场经济发展要求。这种“上下一体化”联动、逻辑连贯的会计法律制度体系可以最大限度地、一致地准确界定产权和有效保护产权。

（2）德国会计法律制度的架构体系。首先，德国宪法确立“权利法案”蓝图。1919 年《德意志共和国宪法》（史称“经济宪法”和“魏玛宪法”）明确规定：国家保护公民的财产所有权和继承权，法律面前人人平等，规定所有权受法律保护，契约自由、债权受合法契约保护，财产权可以合法继承，这体现了宪法对产权、债权和继承权的一体化保障。现行德国宪法是1949年制定的《德意志联邦共和国基本法》，该法强调不得危害基本权利的实质，基本权利和义务的内容与“魏玛宪法”大致相同。

其次，德国《民法典》和《商法典》内容条款贯彻了宪法中的“权利法案”精神。1900年德国《民法典》共分五编，分别为总则、债务关系法、物权法、家庭法和继承法，将民法调整的财产关系与人身关系在内容上明确区分，基本原则是法治下的“自由”和“平等”，即契约自由、所有权自由和公民在私法上的地位平等。法典明确肯定“契约自由”，严格保护私有财产权，规定了过错责任和无过错责任原则并存的民事责任。德国现行民法典仍为1900年实施的《德国民法典》，经过150多次的修改，但其基本精神仍未改变。《德国商法典》于1897年颁布，是调整营利事业企业经济活动的特别法，其中第一编是“商人”，包括商人的概念、商业注册、商号、商业账簿、商业代理等。之后“商业账簿”在2010年的《德国商法典》文本中成为独立的“第三编”，该编对簿记、财产目录、财务报表的编制作出了详细规定，这也是德国“法典式会计法律制度”的重要体现。

最后，德国的税制对会计核算制度具有重要决定作用。会计原则正确与否取决于税务法规，会计处理受税收法规支配，会计利润与应纳税所得额要求完全保持一致，若不一致，税务机关可以进行纳税调整，这体现了会计制度遵从税收法规的精神。德国的统一会计制度主要由商法和公司法规定，至今尚未单独制定统一会计制度，这主要受“法典式会计制度”思想支配。

12.4.2 大陆法系会计法律制度的特征

（1）大陆法系会计法律制度体系主要由宪法、民法、商法、公司法和税法构成。民法、商法、公司法和税法都是贯彻宪法“权利法案”的法律装置。民法是对宪法“权利法案”精神在平等的民事主体之间关于权利义务关系的一种定性规定，以权利的概念、类别、特征等为主要内容。商法是民法中的特别法，是在民法关于“权利定性”规定的前提下，侧重解决商行为过程中“权利义务”的定量规定。一般而言，商法更加重视“权利定量”研究，从而使得其在解决商事行为引致的权利归属与流转过程中更具针对性和可操作性。公司法内容又源自商法，是将商法中有关公司规定内容的进一步细化和系统化，旨在专门解决公司作为民事主体的权利义务关系。而税法则侧重解决国家与商事主体的利益分配关系问题。在大陆法系中，遵循着严格的“上位法”思维：即民法是对宪法规定在私法领域的具体化，不得违背宪法精神；商法是民法的特别法，一般不得违背民法的精神；公司法是商法在公司领域的具体应用，不得违背商法原则。

（2）法典式会计制度特色鲜明，决定了会计信息具有法律证据力。不论是法国的“统一会计法案”还是德国散见于商法和公司法之中的会计制度，均体现了遵循“法律制度”的价值取向，其提供的会计信息能够得到税法、公司法和民商法的高度认可，从而具备了法律证据力的特征。

（3）大陆法系会计法律制度体系妥善处理了国家利益与企业利益之间的关系，彰显了会计制度为国家宏观调控和投资者决策有用服务的双重价值目标。这种目标主要是通过“税法与会计制度”相匹配、相合一而实现的，即大陆法系国家普遍呈现出会计制度与税收法规相互配合的特征，两者之间的差异很少或没有，这也从另一方面印证了会计信息的法律证据力。这种“税会合一”的立法模式，使得该法系下的会计信息成为正确处理国家利益和企业利益之间关系的基点。

12.4.3　大陆法系会计法律制度的适应性效率

作为以制定法为主体形式的大陆法系，要保持其与现代市场经济的发展相适应就需要不断地修订或制定新的法律或法规来适应新的社会秩序的境势。但是，相比普通法系而言，制定新的法律、法规及修订旧法规，均需付出更大的社会成本。“判例法法律规则”有助于促进效率，而立法机关制定的规则则会降低效率（Posner，1992）。一方面，大陆法系法律规则的生成本身是依靠建构理性主义传统，这种建构性因受人的信息和知识的相对性约束难以实现法律规则与“产权域秩序”的高度吻合，这被称为建构理性主义的局限；而英美法系的演进理性主义传统遵循着“习惯、习俗、惯例、先例”再到法律规则的诱致性变迁传统，相对而言，能实现法律规则与“产权域秩序”的较高程度的吻合。另一方面，大陆法系法律规则的生成程序相比普通法系而言更复杂，这也是增加社会成本的一个重要方面。大陆法系会计法律制度的优势在于可以保持产权会计法律制度体系的一致性，减少会计制度与其他法律制度之间的冲突问题，并使得税收法规与会计制度之间的差异最小化，降低会计法规与税收法规的纳税调整成本，这是节省社会成本的重要方面，也是“法律遵从型”会计制度的重要特征。然而，该会计法律制度体系也会带来新的问题，即一旦会计实务中出现新的经济业务需要制定规则时，不能违背会计制度的“上位法”，若某项新的会计制度与“上位法”相违背时，则要么该项新的会计制度夭折，要么需“牵一发而动全身”修订其他法律，这就使得该体系下的会计制度较难适应市场经济的变化，降低了适应性效率。各个国家法律制度各具特色决定了大陆法系国家的会计法律制度体系也各具国家特色，这种具有国家特色会计制度的国际趋同问题是个世界性的难题。若选择与国际财务报告准则（IFRS）趋同，则必然引起法律制度运行障碍；若放弃国际趋同，则难以获取趋同的潜在利益。现实的情况是，相比普通法系的国家而言，大陆法系国家与IFRS的趋同进程进展十分缓慢，这从侧面映射出其适应性效率相对较低。

12.5 中国会计法律制度框架体系设计：SSP模型

阿兰·斯密德（2004）在其名著《制度与行为经济学》一书中提出了“状态——结构——绩效”（SSP）模型。人类相互依赖性的源泉是什么？这对于制度设计而言是有益的，因为制度设计的目的是提高组织的经济绩效。该模型包括影响分析和变迁分析两个层次：在影响分析进路中，初始状态是给定的，侧重分析不同类型的制度影响相互依赖性的作用路径；在变迁分析进路中，将制度作为因变量，剖析状态的变化如何改变现有制度的绩效。中国的会计法律制度框架体系设计也须遵循“SSP”模型。

（1）影响分析。我国的“状态”是处于初级阶段的社会主义市场经济国家，是几千年历史形成的一种礼俗社会，缺乏“尊重产权”的意识，人们的个人主义倾向受到压抑。在该状态下，可选的制度结构可以是“大陆法系”会计法律制度架构，也可以是“普通法系”会计法律制度架构。那么该如何选择呢？若实施普通法系会计法律制度须遵循演进理性主义传统来生成会计法律制度体系，即从会计习惯、会计习俗、会计惯例再到会计制度的演进。但是，由于我国的市场经济发育很不充分，人们的产权思想相对淡薄，因而关于会计习惯、习俗与惯例还带有计划经济或封建经济的残余。这与市场化改革的主导者意愿相悖，也不符合人们迫切从市场化改革中获益的心理状态。因而，我国的会计法律制度框架体系采纳了“大陆模式”，该模式可以充分借鉴发达市场经济国家的经验，通过“制定法”形式固化人们的行为模式，培养人们尊重产权和保护产权的意识，尽快获取市场制度的制度收益，促进市场经济快速发展，这是在中国建立良序市场经济的必然选择。大陆法模式比普通法模式的制度绩效更好，是我国会计法律制度框架体系的恰当选择，可将该框架体系设计如图 12－1 所示：

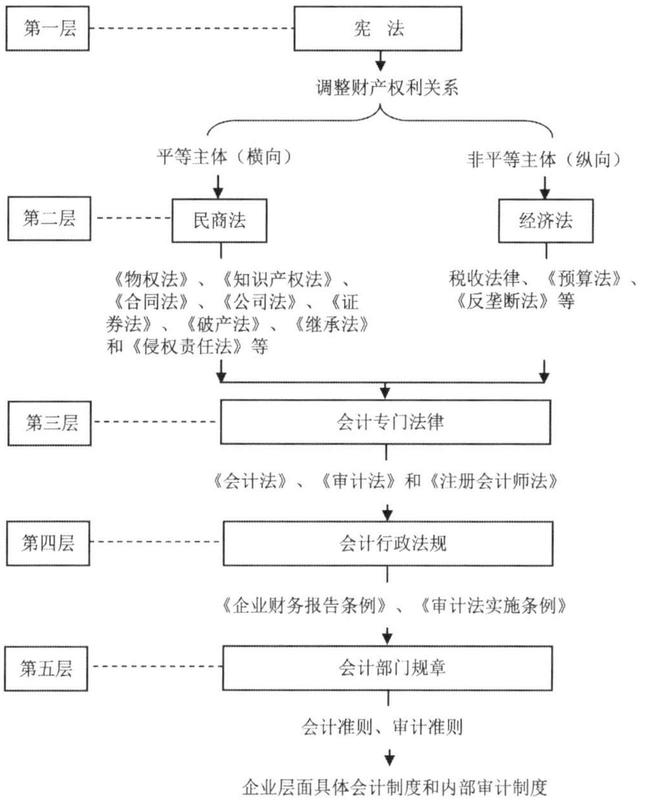

图 12－1　中国会计法律制度框架体系

对我国而言，宪法确立了权利法案精神，处于第一层级。为了贯彻落实宪法保护财产权利的精神，制定的调整平等主体之间（企业与企业、个人之间）财产权利关系的法律形成民商法，而制定的调整非平等主体之间（国家与企业、个人之间）财产权利关系的法律形成经济法。调整财产权利关系的民商法与经济法，处于第二层级。民商法从定性（民法）和定量（商法）层面具体化平等主体之间的财产权利，包括《物权法》、《知识产权法》、《合同法》、《公司法》、《证券法》、《破产法》、《继承法》和《侵权责任法》等；经济法侧重从非平等主体层面具体化财产权利，主要包括税收法律、《预算法》和《反垄断法》等。民商法和经济法具体法律中涉及到的产权定价、收益决定及其稽核原则形成专门的会计、审计法律，包括《会计法》、《审计法》和《注册会计师法》，处于第三层级。会计、审计专门法律的细化形成了会计行政法规，包括《企业财务报告条例》和《审计法实施条例》，处于第四层级。会计行政法规的具体实施形成会计部门规章，包括会计准则体系和审计准则体系，处于第五级。其中会计准则体系包括《企业会计准则》（CAS）和《小企业会计准则》（SES）两个完整部分；审计准则体系包括《注册会计师执业准则》和《国家审计准则》。企业依据会计准则和审计准则，结合自身实际情况，形成具有切实性、针对性和可操作性的具体会计制度和内部审计制度。中国的会计法律制度体系大致由这五层构成，图中显示企业层面的会计制度在整个体系中处于最基础、最重要和最具操作性的地位，是整个会计法律体系正常运行的基础。

（2）制度变迁分析。当我国宪法规则发生变化（即修宪行为）和状态（例如虚拟经济快速发展）发生变化时，会计法律制度框架也要发生变化。遵循“上位法”的逻辑，当上位法发生变化时，下位法要适时调整以适应上位法的制度要求，即当物权法、公司法、证券法和税收法律等发生变化时，处于基础层面的会计制度也必须调整以适应这些法规变化的需求；反过来，当会计制度发生合理变化时，则需要调整与其冲突的上位法，从而与会计制度保持一致性与统一性。只有这样调整与优化，才能增强会计法律制度的适应性效率，才能建构出符合中国国情的、有效的会计法律制度体系。①

① 本章与张肖飞和周华合作，发表于《会计研究》2014 年第 10 期。

第 13 章

会计法律制度体系优化研究

13.1　问 题 缘 起

解释中国三十余年经济发展奇迹的重心在于从等级界定权利的制度过渡到以资产界定权利的制度，贯穿其中的核心一直是产权改革及保护问题。制度是一个社会的博弈规则，它构造了人们在政治、社会或经济领域里交换的激励（诺思，2008）。“产权”与“制度”相伴相生，形成“产权制度”[①]。市场经济是产权经济、法治经济。会计和审计都是产权结构变化的产物，是为监督企业契约签订和执行而产生的（Watts and Zimmerman，1968）。会计产生、发展和变更的根本使命是体现产权结构、反映产权关系和维护产权意志（伍中信，1998）。现代会计的两大基本职能是界定产权和保护产权（曹越等，2011）。会计法律制度系指调整经济关系中有关的各种会计法律规范的总称，它是经济法律制度体系的重要组成部分（郭道扬，2004），维护与保护市场经济下的所有者权益问题是会计法律制度建立的出发点、落脚点（郭道扬，2002）。英美法系会计法律制度体系的主体内容由宪法、财产法、契约法、侵权行为法、继承法、公司法和破产法中有关财产权利质的规定性和量的规定性以及会计准则构成，大陆法系会计法律制度体系主要由宪法、民法、合同法、公司法、税法

① 产权制度系指由产权关系与产权规则融合而成的调节和保护利益相关者财产权利的制度安排。

和会计制度构成（曹越等，2014）。

针对会计法律制度，学者研究集中体现在：一是讨论两大法系会计法律制度体系，包括体系建立的历史过程、运行规律（郭道扬，2002），架构、特征与适应性效率（曹越等，2014）及启示（李明，2014）；二是探求统一会计制度的历史运行规律（郭道扬，2005）及会计法律制度体系建设思路（胡光志，2003；郭道扬，2004；周华等，2009）；三是考察中国会计法律制度建设历史概况及过程（王世定，1999；朱星文，2008；王遂昆和康均，2012）；四是论证会计法律制度的经济后果，包括对公认会计原则（Gang and Hussein，1996）、会计主体（Biondi *et al.*，2007）、虚假列报（Kellogg，1984；Lennox and Li，2014）、财务报告质量（卢太平等，2005）、会计准则制定（Mills，1993）以及公司政策和业绩的影响等方面（Agrawal，2013）；五是分析传统会计原则与税收法规分离的经济后果（周华等，2009；Hellmann *et al.*，2013）。上述研究为本书奠定了重要基础，但并未系统讨论会计法律制度体系的优化问题。

当前，IASB（国际会计准则理事会，下同）以“趋同”（Convergence）为主旨，旨在创建一套符合投资者利益、可理解且具有强制性（Enforceable）的高质量全球会计准则体系。我国财政部发布了《中国企业会计准则（CAS）与国际财务报告准则（IFRS）持续趋同路线图》，要求持续趋同的时间安排与IASB的进度保持同步。持续趋同必将导致会计准则与本土产权法律制度体系分离、冲突等不兼容问题。优化会计法律制度体系，形成一套上下逻辑一致、层级分明的会计法律制度体系显得尤为迫切。本书拟系统探讨会计法律制度体系优化的理论基础、必要性、指导原则、优化路径与实施方案以及中国会计法律制度体系优化方案。这有助于提高会计法律制度体系的适应性效率，充分发挥会计保护产权的功能，促进生产性努力增长，遏制分配性努力的泛滥，助推经济持续、健康发展。

13.2　会计法律制度体系优化的理论基础：产权保护与适应性效率

13.2.1　理论基础之一：产权保护

产权的重要功能在于为市场主体进行产权交易形成合理预期，这些预期通过法律和习俗得以表达。财产法上的一个根本问题是当产权受到非法干预或侵害时，如何进行保护。产权保护须凭借制度予以实施。制度的经济分析有演进理性主义和工具理性主义两大流派：（1）前者的核心观点是人类社会的制度和秩序并非人类刻意设计与创设的结果，而是通过适应性调整型构而来，具有自生自发特性，这是英美普通法的演进传统。会计法律制度必须根植于本国市场经济实践，遵循“会计习惯——→会计习俗——→会计惯例——→会计法律制度”的演进逻辑与路径，这种“自下而上”的演进路径表明，会计制度的生发是会计人员群体经长期时间驻存与检验所形成的公认会计行为规范，源于维护市场经济这一“自发秩序”过程中公认的财产权利界定与保护规则，必然属于正当行为规则。（2）后者的核心观点认为，制度是人类为了实现人的目的而刻意设计出来的，这是大陆法系成文法的制定传统。会计法律制度是人类为了建立交易双方（受托双方）的信任通过“自上而下”方式而被刻意设计出来的，往往形成“法律遵从型”会计法律制度体系。该体系的生成方式如下：首先是作为“权利法案”的宪法确立维护“私有财产权利”这一最高原则；其次，基于调整平等主体之间权利义务关系的民商法从质的规定性（民法）和量的规定性（商法）对私有财产权利进行细化；而基于调整非平等主体之间权利义务关系的经济法则细化调整企业财产权益与国家所有者权益之间的分配关系；最后，民商法和经济法中涉及资产定价和收益决定的内容、具体化及操作规则分别形成会计专门法律、会计行政法规和统一会计制度。针对会计法律制度体系而言，不管是演进理性主义（英美法系）还是工具理性主义（大陆法系），为了实现对产权的一体化和基础性控制，两者都需要相互借鉴：一是英美法系会计法律制度需要强化宪法、财产法、契约法、公司法、税法与会计制度之间的统一性与一致性，应将会计制度的相关条款纳入契约法、公司法与税法，从而为司法判决提供具有法律证据力的会计信息，减少法官遵循先例的判案成本，提高司法效率；二是大陆法系会计法律制度需要关注习惯、习俗、惯例和社会规范的影响，确保会计法律制度体系属于正当行为规则，属于“良法”。

13.2.2 理论基础之二：适应性效率

诺思（2008）认为，适应性效率所关注的是那些型塑经济之长期演化方式的规则。具有适应性效率的制度结构体现为鼓励创新、试验、竞争、决策的分散化、明晰界定的产权契约及破产法等。持续的经济增长依赖于有效的产权结构与政治体制，当新的生产方式出现时，具有适应性效率的制度结构能够迅速而又灵活地进行调整与规制，从而促进生产性努力的增长；而刻板僵化的制度结构将难以应对，使得产权结构与政治体制相互“僵持”，引致分配性努力行为，减损经济增长的动力。如何创建具有适应性效率的制度结构？诺思将其归因于“关键参与人具有善于学习和开放的特征”、“竞争性且分散决策的制度结构”和“对生产者激励的政治体制”三个方面。资源配置效率与制度适应性效率两者并不总是相容的：前者强调的是既定制度约束下的静态效率，而后者则强调的是制度变迁过程中的动态效率。因此，仅有产权法律制度的建立是不够的，更重要的是建立具有适应性效率的产权制度结构。在国际趋同背景下，各国的会计法律制度体系架构基本建立，但该体系中作为基础层次的统一会计制度大多与上层法律制度存在割裂、冲突等不兼容问题。为了建立具有适应性效率的会计法律制度体系，必须优化会计法律制度体系的系统性与一致性，这种系统性与一致性体现为“上位法对下位法的统驭，下位法对上位法的遵从”。

13.3 会计法律制度优化的必要性

13.3.1 国际趋同与本土特色：会计改革悖论

国际趋同是指各国的会计制度或会计准则[①]与 IASB 制定的 IFRS 趋于一

① 为了分析方便，本书不区分会计制度和会计准则，视两者的内涵相同。

致。趋同的目的是建立全球统一的高质量会计准则体系，为资本跨国流动创造条件。本质上而言，趋同的基础在于市场经济国家中的会计习惯、会计习俗和会计惯例具有共性。趋同不是等同，因为每个市场经济国家的会计惯例均具有特殊性，尤其是大陆法系市场经济国家①。当前，各国在进行会计改革时均面临一个悖论：若与 IFRS 趋同，将使本国的会计准则丧失本土特色，难以适应本国会计实务需求，降低适应性效率；若不与 IFRS 趋同，虽保持了本土特色，但其提供的财务报表及信息难以获得其他国家的一致认可，引发按其他国家准则或按 IFRS 重编报表的调整成本。

13.3.2　中国会计法律制度体系冲突类型及表现

中国的会计法律制度属于大陆法系范畴。2006 年财政部颁布了 1 项基本准则和 38 项具体准则，实现了与 IFRS 的实质趋同。2014 年上半年，财政部先后修订 5 项具体准则和发布 3 项新的具体准则，与 IFRS 保持持续趋同。国际趋同的会计改革使得中国原有的“法律遵从型”会计制度被“金融预期型”会计制度②取代，削弱了会计法律制度体系的运行基础，引发了会计准则与法律制度之间的冲突，降低了会计信息的法律证据力。当前存在的主要冲突有：

一是严格执行会计准则生成的会计信息，其真实性仍未得到法学界的广泛认可。“金融预期型”会计准则规范的会计处理引入了含有主观性的计量属性（如公允价值、现值、可变现净值等），使得会计信息的证明力或公信力大大降低，而法学界坚持的认定会计信息真实性的标准是“法律遵从”，这就使得会计法律制度体系正常运行所需的会计信息难以由“金融预期型”会计准则提供，导致整个会计法律制度体系的运行基础被架空。财务会计应将“受托责任”作为首要目标，致力于促进实体经济的发展，为企业经营管理和国民经济管理提供具有法律证据力的财务状况和经营业绩信息（周华和戴德明，2009）。

二是会计准则与法律制度的理念发生重大分歧。对于受托责任和决策有用

① 如“法典式会计制度”特色鲜明。

② “法律遵从型”和“金融预期型”会计制度概念首先由周华等（2009）提出，前者是指会计制度的演进遵从本国法律制度，坚持历史成本计量基础、收入/费用观，其显著特点是“依法记账”；后者是指会计制度以满足资本市场投资者决策有用为目标，坚持公允价值计量基础、资产/负债观，其显著特点是“将预期的未实现利得和损失计入利润或所有者权益”。

两大财务报告模式而言：前者源于财产的占有权和使用权，体现了法治精神、国情差异和利益相关者的要求，通过发挥公司治理机制功能保护投资者的财产权利；后者对投资者财产权利的保护效果则取决于特定的经济体制、商业惯例及市场发育特征，它适用于规模大、流动性强和股权高度分散的资本市场（夏冬林，2015）。与IFRS趋同后，会计准则的理念是决策有用，淡化了受托责任，漠视了会计信息的宏观经济作用，主张资产计价采用公允价值计量（净资产的公允价值即为公司买卖的参考价格）、收益决定引入未实现的利得与损失，如将未实现的利得和损失纳入损益或所有者权益将导致该部分利润具有不可分配性以及净资产虚增，这与公司法“利润具有可分享性”以及“净资产增加不含预期”的理念相悖。会计准则沦为替资本市场参与者买卖公司股权提供相关、可靠信息的工具。然而《公允价值计量》准则（IFRS第13号，CAS第39号）均将获取公允价值的估值技术定位于市场法、收益法和成本法，充满了诸多主观估计成分，难以满足“可靠性”信息质量特征。

三是会计准则与税收法规彻底分离。金融预期型会计准则与税收法规彻底分离的集中表现是企业所得税中应纳税所得额与会计利润之间的差异进一步扩大。税收征管的基础是“查账征收”，“账”就是会计账簿及源自账簿的报表。但目前税法中的收入、费用、应纳税所得额与会计中的收入、费用、利润在定义、包含的内容、确认标准等方面均存在较大差异，这就使得所得税的征管须在“会计利润”的基础上进行大量调整以得出应纳税所得额，无疑增加了纳税调整成本。近年来，随着会计准则持续趋同战略的实施，企业会计准则与税收法规的差异进一步加大（如修订后的CAS第9号《职工薪酬》准则将独立董事、外部监事视同企业的职工以及离职后福利计划中的设定受益计划义务会计处理均未获得税法认可）。金融预期型会计准则导致会计核算结果不被税收法规认可，削弱了税法的运行基础。上述现存的冲突表明，中国会计法律制度体系的优化显得尤为迫切。

13.4 会计法律制度优化指导原则

会计法律制度体系的优化主要是针对大陆法系国家而言，因为普通法系国家遵循“判例法传统”生发的法律规则（法官造法）能够应对趋同引致的本国会计制度与法律制度之间的冲突，同时能对新出现的经济业务引发的诉讼作出及时判决。但是，作为大陆法系主体形式的“制定法”而言，其修订或制定须经政府立法机关主导，这既难以快速解决趋同引发的会计法律制度体系存在的冲突问题，又难以及时适应市场经济中新经济业务出现对会计核算的新要求。即在普通法系的大制度环境下，会计法律制度体系的适应性效率高；而在大陆法系制度环境下，会计法律制度体系的适应性效率相对较低。那么，对于大陆法系国家会计法律制度体系而言，如何提高其适应性效率？这就必须以“最小化改革成本”为指导，通过会计改革和法律制度优化来协同实现：一是会计改革遵从现有产权法律制度体系，形成“法律遵从型”会计制度；二是会计改革遵从 IFRS（国际趋同）、形成“金融预期型”会计制度后，现有法律制度体系吸纳会计制度的合理成分，尽量保持会计法律制度体系的一致性。两种协同模式都会带来会计法律制度体系适应性效率的提高，选择何种模式取决于两种模式的改革成本。

13.5　会计法律制度优化路径与实施方案

13.5.1　坚持“本土特色”的优化路径与实施方案

最小化改革成本的原则指导着优化路径的选择。当大陆法系国家会计改革国际趋同收益小于或等于趋同成本时，该国将坚持本土会计制度特色。在此情形下如何优化现存的会计法律制度体系？其实施方案如下：

首先，须明确该国属于“法律遵从型”会计制度。当市场经济发展到一定阶段，出现新的经济业务时（为讨论方便，本文假定为虚拟经济），为了实现对虚拟产权①的一体化和基础性控制，就需要针对虚拟产权制定新的法律规则和会计规则，且法律规则统驭会计规则，会计规则细化或补充法律规则，确

① 市场经济由“实体经济”和“虚拟经济”构成。根据“市场经济是产权经济”的逻辑可知，产权经济由“实体产权经济”和“虚拟产权经济”构成，即“产权 = 实体产权 + 虚拟产权”。“虚拟产权”是与“实体产权”相对的一个概念，系指虚拟经济中交易的财产权客体。

保“法律遵从型”会计制度得以贯彻。

其次，现实中的优化路径抉择之一：“顺流直下”还是“逆流而上”？对于法律遵从型会计制度而言，会计法律制度体系优化的最优选择是“顺流直下”，即先在法律制度体系中针对虚拟产权制定或修订相关法律条款，之后针对虚拟产权单独制定或修订补充相关的会计制度，以实现优化后的会计制度遵从优化后的法律制度，从而维护整个会计法律制度体系的一致性和统一性，并奠定会计制度在该体系中的基础性地位。当然，对会计法律制度体系优化的次优选择是“逆流而上”，即先针对虚拟产权的反映和控制问题制定出新的会计规则。因为实务中，一旦虚拟产权出现并交易，对其反映和控制就显得尤为迫切，如有些国家就会在准则解释中规定相应的会计处理方法，另一些国家则在财政年度终了时由政府部门（一般是财政部门）作出应急会计处理说明，之后再将其吸纳进会计制度中。然后，政府会计主管部门将有关虚拟产权的会计处理方法反映给国家立法部门，立法部门针对虚拟产权的界定和保护展开立法研究，并据研究成果经立法程序制定、修订或补充相关法律制度。若针对虚拟产权的规定，法律制度和会计制度不冲突，这样仍可以维护整个会计法律制度体系的一致性和统一性；但若两者存在一定的冲突，根据“法律遵从型”会计制度“上位法决定下位法”的逻辑，建议会计制度再次修改以使其与法律制度保持一致，若不修改，则会导致会计制度偏离法律制度，摩擦成本上升引致适应性效率损失，进而增大会计改革成本。

再次，现实中优化路径抉择之二：“循序渐进”还是“平行推进”？循序渐进是指会计法律制度体系的优化要分步骤、有计划、逐步实施，而平行推进则是指会计法律制度体系的优化须同时启动、同步优化。对于法律遵从型会计制度而言，会计法律制度体系优化的最佳选择是“平行推进”：（1）当优化路径选择“顺流直下”时，若针对虚拟产权制定法律制度，应同时启动针对虚拟产权制定会计制度，这样可以确保会计制度对法律制度的高度遵从，维护会计法律制度体系的一致性与统一性；（2）当优化路径选择“逆流而上”时，按照“法律遵从型”会计制度的要求，也必须同时启动制定针对虚拟产权的法律制度。只有这样，会计制度与法律制度才会相互配合，确保会计法律制度体系具备一致性和统一性的特征，从而为实体产权和虚拟产权的一体化控制提供可靠保障。这种“平行推进”的优化路径可以最大限度地降低会计制度与法律制度之间的不一致引发的摩擦成本，提高会计法律制度体系的适应性效率，符合最小化改革成本的原则要求。

13.5.2　坚持“国际趋同”的优化路径与实施方案

当大陆法系国家会计改革国际趋同收益大于趋同成本时，该国将选择趋同，并将本土特色限制在极小的范围内。在此情形下如何优化其会计法律制度体系？本书建议的实施方案如下：

首先须明确，趋同将使“法律遵从型”会计制度转向“金融预期型”会计制度。两种不同类型会计制度的最大区别在于对“虚拟产权”的会计规范存在实质性差异：前者坚持历史成本计量基础，旨在提高虚拟产权会计信息的可靠性，并使其具有法律证据力，即得到法律制度的认可；而后者坚持公允价值计量基础，以提高虚拟产权会计信息的相关性，满足决策有用的信息需求。因为公允价值的获取存在一定的主观因素，加之公允价值变动引致的未实现利得和损失也需进行确认与计量，从而使得会计制度包含了预期因素，沦为金融分析规则。这种金融预期型会计制度与法律遵从型会计制度的差异主要源于虚拟产权（如金融工具，尤其是衍生金融工具）的规制。金融预期型会计制度削弱了法律制度的运行基础，引发整个会计法律制度体系的非一致性，会计信息的法律证据力大大降低，抵减了趋同收益，因而迫切需要优化。

其次，现实中的优化路径抉择之一：“顺流直下”还是“逆流而上”？国际趋同的会计法律制度体系，其优化路径只能是“逆流而上”。因为一旦与IFRS趋同，优化会计法律制度体系的基本思路就必须以趋同后的新会计制度为基点，通过“逆流而上”的方式修改与会计制度不一致的法律制度，最大限度地维护会计法律制度体系的一致性与统一性。具体的路径方案如下：①当趋同的具体会计准则与本国会计惯例相符时，表明该项会计准则属于“正当会计行为规则”。若现行法律制度的相关条款与该会计准则兼容或未有规定时，则法律制度应吸纳该项会计准则的精神进行补充或完善，以确保会计法律制度体系的统一性与一致性；若现行法律制度的相关条款与该会计准则相冲突，表明法律制度的相关条款已经过时，则应逐步修改法律制度相关条款以确保与该项会计准则保持一致，夯实会计法律制度体系的运行基础，因为只有这样，才能确保会计法律制度体系属于“正当行为规则”，属于“良法”，这是适应性效率的必然要求。②当趋同的具体会计准则与本国会计惯例冲突时（主要是计量属性选择），表明趋同的会计准则不属于“正当会计行为规则”，建议采用“附注披露”或“三重列报”（即报表表内分三列，分别列示历史成本、公允价值与会计准则要求的数据）[①] 来传递本国会计惯例或会计准则的处理方法及结果解决，从而为会计法律制度体系的正常运转提供各自所需的数据及信息源，切实提高会计法律制度体系的适应性效率。

再次，现实中的优化路径抉择之二：“循序渐进”还是“平行推进”？国际趋同使得会计法律制度体系的优化路径只能选择“循序渐进”。原因在于：一是现实中国际趋同（尤其是持续趋同）的会计准则的发布不可能与法律制度的补充或修订保持同步，法律制度条款的修订往往滞后于会计准则的发布。这归因于IFRS强调会计信息的相关性，当某项具体的会计准则无法提供相关的会计信息时，就须及时进行修订，一般经历项目提出、讨论稿、征求意见稿和发布等程序；而法律制度强调信息具有法律证据力，以“公平正义”为要义，具有稳定预期的功能，其修订或调整更为谨慎，一般须经历法律议案的提出、审议、表决和公布等程序且涉及多个不同部门的协作。与会计准则的修订相比，法律制度的修订程序更为复杂，涉及的部门更多，耗时更长。二是以趋同后的会计制度为基点，通过“逆流而上”的方式修订法律制度条款，违背了“上位法决定下位法”的传统，立法部门针对域外的会计规则或法律规则，一般会反复权衡会计准则个人价值目标与本国法律制度社会价值目标的兼容与冲突问题，这将是一个长期的协调过程。

13.6 中国会计法律制度优化实施方案：逆流而上与循序渐进

中国会计改革采纳了趋同战略，且属于大陆法系国家，依前文的逻辑，我国会计法律制度体系优化路径的实施方案是“逆流而上”和“循序渐进”。现代市场经济体系由实体经济和虚拟经济构成，形成了二元经济结构。二元经济结构的背后是二元产权结构，即“产权 = 实体产权 + 虚拟产权”。我国会计法律制度体系优化的具体方案如下：

---

① “三重列报”操作方案请参见下文。

首先，对于实体产权（如固定资产、存货等非金融资产）而言，其显著特征是价值变动风险小，强调会计信息的可靠性，与其匹配的会计计量基础是历史成本，收益决定坚持配比原则和实现原则；法律制度强调基于交易的可稽核、可验证的证据，重视证据的可信度和公信力，坚持历史成本计量、实现原则和配比原则。可见，会计制度的个人价值目标与法律制度的社会价值目标基本一致。一般而言，针对实体产权的会计处理方法若不含预期成分，则会计制度与法律制度可以完全协调一致；若含有预期成分（主要是计提的各种减值准备），则会计制度与法律制度的差异应保留，并在附注中或通过“三重列报”提供不含预期的历史成本信息，从而为税法、公司法、合同法、民法等法律制度提供数据源，维护会计法律制度体系的统一性与一致性。

其次，对于虚拟产权（如交易性金融资产、衍生金融工具等）而言，其显著特点是价值变动风险大、交易频繁，强调会计信息的相关性，与其匹配的会计计量基础是公允价值，收益决定包含未实现的利得和损失，会计核算过程充满估计、判断，充当了估值角色。会计制度的个人价值目标与法律制度的社会价值目标存在重大分歧。因而，两者无法完全协调一致。鉴于初始计量时，历史成本计量与公允价值计量结果往往一致，所以建议先将初始确认的会计制度与法律制度完全协调一致。对于后续计量，只能正视这种差异，并通过改进列报方式来为法律制度的正常运行提供信息基础。改进后财务报表提供的信息既要满足投资者决策有用的目标，也要满足法律制度的社会目标。理论上讲，要彻底满足投资者决策有用的私人目标和法律制度的社会目标，就必须采纳双重计量和双重列报：采用完全的公允价值计量满足投资者决策有用的私人目标，采用严格的历史成本计量满足法律制度的社会目标。双重列报的主旨就是在现有列报的基础上将预期成分删除从而为法律制度的正常运行提供会计信息支撑，同时扩大公允价值运用范围为投资者决策提供更相关的会计信息。但是，为了按照中国 CAS 提供会计信息，财务报表中还需要按 CAS 标准来列报会计数据。基于此，未来财务报表若要同时实现决策有用的私人价值目标、法律所需的社会价值目标和国家要求的列报规范，须推行“三重列报”方案，即在报表中针对每类资产或负债同时列示公允价值、历史成本和现行准则要求的数据，并在附注中披露历史成本计量与公允价值计量差异较大的资产负债信息。

“三重列报”方案将财务报表改造成“三栏式”，分别列示“历史成本、公允价值和现行准则要求的数据”。具体操作如下：①对于实体产权的列示而言，初始双重计量结果分别列示在“历史成本”和“公允价值”中，两者往往相等。后续计量若发生减值，“历史成本”列示减值之前的账面价值，“公允价值”列示减值测试的标准（如长期资产一般为可收回金额、存货为可变现净值、贷款和应收款项为现值）；若未发生减值，则将账面价值（初始计量剔除折旧、摊销）列示在“历史成本”中，将减值测试的标准（同上）列示在“公允价值”中。涉及连续会计年度时，主要涉及再次减值或升值的列示。若年末再次发生减值，“历史成本”列示自上一会计期间以来资产在本年末的账面价值（即上期期末数据剔除折旧、摊销后的余额），“公允价值”列示当年年末发生减值测试的标准（同上）。这样在期末，将“历史成本”和“公允价值”对比就可以传递累计发生的减值损失金额。若涉及升值（可能源于物价变动），则“公允价值”仍列示减值测试的标准（同上）。这样，“历史成本”和“公允价值”在年末的对比就可以反映出自初始计量以来，该资产累计的公允价值变动结果。处置时，在利润表中，“历史成本”列示处置时的售价减去处置时该资产的账面价值（按资产负债表中的“历史成本”列示数据）及相关税费来确定，“公允价值”列示处置时的售价减去处置时该资产的“公允价值”列数据（按资产负债表中的“公允价值”列示数据）及相关税费来确定。②对于虚拟产权的列示而言。初始计量时，在“历史成本”列和“公允价值”列同时分别列示资产或负债的历史成本与公允价值（两者金额一般相等）。后续计量时，公允价值或现值的变动在资产负债表“公允价值”列中列示经过调整之后的公允价值（即资产负债表日的公允价值），同时在利润表“公允价值变动损益”或资产负债表“其他综合收益”项目中的“公允价值”列中列示。若该资产发生减值（如可供出售金融资产），则将减值测试的标准（资产负债表日的公允价值）列示在资产负债表“公允价值”列中，同时利润表对应报表项目中将按现行准则规定确认的“资产减值损失”金额列示在“公允价值”中。若发生减值之后的资产又升值（现行准则也允许转回），则遵从现行准则处理，将相关计量结果列示在报表的“公允价值”列中。处置时，利润表中对应项目“历史成本”列列示“售价减去初始计量的历史成本及处置中发生的相关税费”（该数据即为企业所得税法规定的投资资产处置所得），“公允价值”列列示“售价减去处置日的账面价值、处置税费，同时加上将未实现的收益（公允价值变动损益和可转当期损益的其他综合收益）转化为已实现收益（投资收益）”。不管是虚拟产权还是实体产权，第三列均按现行会计准则的要求列示数据，从而形成“三重列报”操作方案。

三重列报中“历史成本”列可以为民商经济法的良序运行提供基础性的数据源，如利润表中“历史成本”列的“利润总额”就代表新增的确定性利润，具有可分配性，符合税法、公司法和破产法等民商经济法理念，是企业所得税法应纳税所得额和公司法可供分配利润的基础数据源。“现行准则要求数据”列列示的数据符合趋同战略和政府监管部门的要求，降低因报表不被其他国家认可而发生的调整成本，有助于促进跨国交易、投资，享受国际趋同收益。总之，该方案为会计制度与法律制度不可协调的冲突问题提供了优化的可行路径选择，可以为法律制度的正常运行提供基础数据源，有助于维护会计法律制度体系的统一性与一致性，实现实体产权和虚拟产权的一体化会计控制，进而奠定会计法律制度体系在虚拟经济快速发展的新市场经济情势下的基础性地位。①

① 本章与张肖飞合作，发表于《会计研究》2015 年第 12 期。

第14章

公共财政建设中政府会计改革重大问题研究

14.1 基本缘起

从党的十六届四中全会首次提出构建社会主义和谐社会到中共十六届六中全会强调社会和谐是中国社会主义的本质属性，这一进程标志着和谐社会已成为中国当前时代主题。党的十七大强调，要围绕推进基本公共服务均等化和主体功能区建设，完善公共财政体系；深化预算制度改革，强化预算管理与监督，加快推进以改善民生为重点的社会建设。可见，公共财政建设需要为和谐社会建设提供财力基础。诺斯（1990）认为，国家带有掠夺和契约两重性[①]：若暴力潜能（violence potential）在公民之间进行平等分配，便产生契约型国家；若这种分配是不平等的，则产生掠夺型国家（诺斯，1990）。国家有两方面的目的，它既要使统治者的租金最大化，又要降低交易费用以使全社会总产出最大化，从而增加国家税收。即国家为了实现上述目的，需要以恰当方式（主要是税收）采集足够多的资源，并以“有效”的方式对资源进行分配和运用，并解决再分配问题。事实上，政府的任何采集和分配财政资源的决策都会改变社会的财富分配，具有一种财富和收入再分配的功能。竞争性市场无疑是

① 关于国家的性质主要有两种：掠夺论和契约论。前者认为国家是掠夺的产物，是统治阶级剥削被统治阶级的工具；后者认为国家是公民达成契约的结果，它主要为公民服务。

有效配置资源的最佳方式，但市场失灵不能保证“公共产品”的有效供给，不能保证分配结果的公平，建立以弥补“市场失灵”为主职的公共财政是市场经济国家的必然选择（倪志良，2007）。我国建立社会主义市场经济体制的宏伟目标决定了我们必须加强公共财政建设。公共财政是与市场经济体制相适应的一套制度框架，是以满足公共需要为目的，以提供公共产品为手段，以弥补市场失灵为活动范围的一种以政府为主体的资源配置方式；具有体现公共性、保障公平性、实践公益性和实现法制性四大价值目标（王军，2006）。

为此，要实现公共财政的四大价值目标，则必须要有相应的会计体系对政府履行职能过程中耗费的资源，取得的成效进行确认、计量、记录和报告，以解除公共受托责任。我们认为，政府会计就是对政府财政交易或事项进行确认、计量、记录和报告，解除政府公共受托责任并提供决策有用信息的控制系统。有效的政府会计应该能够有效界定政府的公共受托治理责任、正确诱导政府的公共选择、促进政治体制改革、深化和完善政府机构改革；它是政府高效治理、廉政透明和实现相应的政治效应和经济效率的基石（陈志斌，2003）。因而，从适应公共财政建设的目标出发，结合我国目前政府会计现状，探讨有关政府会计改革问题显得十分迫切。

14.2　公共财政建设重大举措及其隐喻的会计涵义

1. 政府收支分类改革及其会计涵义

政府收支分类，就是对政府收入和支出进行类别和层次划分，以全面、准确、清晰地反映政府收支活动。政府收支分类科目是编制政府预决算、组织预算执行以及预算单位进行会计明细核算的重要依据（财政部预算司，2006）。经国务院批准，政府收支分类改革于 2007 年全面实施。从 2006 年 6 月起，各地区、各部门即开始用新的政府收支分类科目编制 2007 年预算。政府收支分类改革是公共财政建设的重要环节，具有重要意义。

此次改革以构建新的政府收入分类体系、支出功能分类和支出经济分类体系为内容，有利于全面、准确、清晰地反映市场经济条件下政府的收支活动，合理把握财政调控力度，优化支出结构，提高财政运行效率；有利于深化部门预算、国库集中支付、政府采购等各项改革，增加预算透明度，强化财政监督，从源头上防止腐败；有利于建立与国际接轨、高效实用的财政统计分析体系，不断推进国际合作与交流。原政府预算科目体系存在以下缺陷：一是与政府职能转变相悖。政府公共管理和公共服务职能不断加强，但作为反映政府职能活动需要的预算收支科目，如基本建设支出、科技三项费用和流动资金等仍按政府代替市场配置资源的思路设计。二是不能清晰反映政府职能活动。市场经济条件下，政府的职能主要是弥补市场缺陷，满足社会公共需要，讲求公开和透明。但原预算支出类、款、项科目主要是按经费性质进行分类的，从而不能反映政府具体活动行为，导致政府预算“外行人看不懂，内行人说不清”。三是财政预算管理和监督职能弱化。原预算收支科目只反映预算内收支，大量预算外收支游离于预算体系之外，给财政预算全面反映各项收支活动，加强收支管理带来很大困难，尤其是不利于综合预算体系建立，从制度上遏制腐败①。

这次改革主要从三个方面展开：一是对政府收入进行系统分类，全面、规范、细致地反映政府各项收入。不仅包括预算内收入，还包括预算外收入和社会保险基金收入、非税收入、贷款转贷回收本金收入、债务收入以及转移性收入等。分设类、款、项、目四级，逐级细化，以满足不同层次资金管理需求。二是建立支出功能分类，更加清晰地反映政府的各项职能活动。支出功能分类根据政府管理和部门预算的要求，统一按支出功能设置类、款、项三级科目，分别为 17 类、170 多款、800 多项。这能够清楚地反映政府支出的内容和方向，可有效解决原支出预算“外行看不懂，内行说不清”的问题。三是建立支出经济分类体系，全面、规范、明晰地反映政府各项支出的具体内容。支出经济分类分设类、项两级，分别为 12 类和 90 多款，逐级细化，它是进行政府预算管理、部门财务管理以及政府统计分析的重要手段②。

政府收支分类在财政管理中主要用于以下几个方面：①编制和汇总预决算；②办理预算缴拨款；③组织会计核算；④报告预算执行情况；⑤进行财政

---

① 根据相关文献整理，具体请参见：财政部预算司：《政府收支分类改革问题解答》，中国财政经济出版社 2006 年版，1 ~ 4。

② 同上

考核分析；⑥进行财政统计分析。由于我国现行预算会计制度主要服务于预算管理，其科目设置一直与政府收支分类密切相关。各级财政总预算会计和行政事业单位预算会计的收支明细账都要按政府收支分类科目进行核算。因而，新的政府收支分类科目必然要求政府会计科目进行相应的调整。我们认为，上述六个方面都需要政府会计提供基础性数据。政府收支分类改革对政府会计核算的内容和科目设置等产生深远影响，而改革现行预算会计制度势在必行，否则政府收支分类改革将缺乏微观基础。

2. 编制部门预算及其会计涵义

所谓部门预算，就是一个部门一本预算，它是由政府各部门将原来按支出功能分散在各类不同预算科目的资金统一编制到使用这些资金的部门，并经过财政部门审核，由同级人民代表大会审议、通过，反映部门所有收入和支出的预算制度（程谦等，2006）。编制部门预算作为公共财政建设的重要举措，具有十分重要的实践意义：一是部门预算改革将有利于强化财政资金管理。它将每一部门的预算内外资金全部纳入预算编制，使预算透明度大为提高，能有效约束政府、财政和部门行为。二是编制部门预算要求预算进一步细化，这使预算透明度更高，政府管理和事业部门提供公共服务的职责与财权财力的分配结合得更为清晰，更有利于人大代表、审计和社会各界对政府财政的审查和监督（程谦等，2006）。当然，政府收支分类改革使得预算支出标准和预算定额的确定更为科学，支出标准与预算定额的分类更加完善，预算定额体系和项目认证制度更加细化与完整，部门预算编制手段和方法更加科学。随着部门预算编制的实施，财政总预算会计和行政单位会计的改革逐渐趋向于以一级政府为中心，核算整个政府的财务状况。

3. 国库集中支付制度及其会计涵义

国库集中支付制度是指政府以国库单一账户体系为基础，以健全的财政支付信息系统和银行间实时清算系统为依托，集中收纳和支付所有财政资金，财政收支均通过单一账户进出，从而实现对财政资金的流向和流量全过程的监控（倪志良，2007）。2001 年财政部会同中国人民银行共同研制了《财政国库管理制度改革方案》，并决定从当年起在中央实施改革试点，“十五”期间在中央和地方全面实施国库集中支付制度。国库集中支付具有如下本质特征（倪志良，2007）：①账户管理方面。在全面清理预算单位银行账号的基础上，建立起统一规范的国库单一账户体系。②支付方式方面。财政支付方式改为直接支付和授权支付[①]。支付方式改革大大缩短了资金到位时间。③现金管理方面。实行国库集中支付后，各预算单位均根据用款计划按照规定的程序发生财政资金的支付，各主管部门和预算单位账户不再有资金滞留和沉淀，便于实现财政资金的集中化管理，有利于提高财政资金使用效率，削减财政赤字和发债规模，减少浪费，实现财政政策与货币政策的协调一致。④监督机制方面。随着改革的深入，直接支付占财政支出的比例越来越高，这使得财政部门可以强化预算约束，及时、全面了解整个财政资金的流向和流量，为预算执行分析提供准确数据。我们认为，从账户管理和支付方式可以看出，国库集中支付流程中资金运动的数据主要由预算会计提供和监控。国库集中支付制度的实施使得财政总预算会计对行政单位预算会计的依赖性减弱，但二者仍存在勾稽关系——总括和明细关系。而现金管理和监督机制两方面则表明，政府会计在推动财政绩效管理和提高财政透明度方面应大有作为。

4. 政府采购制度及其会计涵义

政府采购是指各级政府及其所属机构，为了开展日常的政务活动或为公众提供公共服务的需要，在财政的监督下，以法定的方式、方法和程序，对货物、工程或服务进行购买（张雪芬，2006）。政府采购制度则是一种包括政府采购的政策、程序、过程和管理在内的综合管理制度。我国政府采购制度的建立，实际上是一个典型的由财政压力引起的制度变迁，当然也不排除加入WTO的原因（于安，2003）。政府采购制度是利用市场机制来改革政府支出的管理体制。中国引入政府采购制度有多重目标：一是扼制民怨交集的分散采购中的腐败现象；二是通过集中采购带来规模效应节约财政支出；三是在财政安排支出项目之后，交由一个分离于财政的机构执行财政支出从资金到实物的转换，制衡财政部门的权力；四是顺应社会民主化进程，以财政支出环节的透明和规范增加公众对政府的信任（周超和易卫华，2005）。实行政府采购制度后，有关采购资金通过国库集中支付系统直接向供应商拨付。财政总预算会计可根据这部分支出直接办理结算，而行政单位会计则根据财政部门提供的付款凭证进行资金支出核算。这客观上要求财政总预算会计和行政单位会计进行实

① 前者指由预算单位向财政部门提出支付申请，财政部门开具支付凭证，通过代理银行将资金支付给商品和劳务供应者；后者是由预算单位根据财政部门授权，在规定的月度限额内自行开具支付凭证，通过国库单一账户体系，将资金拨付到收款人。

时式平行登记。作为子系统的行政单位会计的功能是完成总预算会计框架下的明细记录，即政府采购制度的推行要求财政总预算会计和行政单位会计合二为一（张雪芬，2006）。我们认为，政府采购过程中的资金运动及对采购部门进行业绩考评，均需要政府会计提供真实公允的会计信息。只有这样，才能确保获取政府采购制度收益，降低采购交易成本。

14.3　公共财政建设环境下的政府会计改革

《中华人民共和国政府信息公开条例》已经 2007 年 1 月 17 日国务院第 165 次常务会议通过，自 2008 年 5 月 1 日起施行。该条例所称政府信息是指行政机关在履行职责过程中指定或者获取的，以一定形式记录和保存的信息。行政机关需要重点公开的政府信息有：财政预算、决算报告；行政事业性收费的项目、依据和标准；政府集中采购项目的目录、标准及实施情况；重大建设项目的批准和实施情况。可见，这些重点公开的政府信息均涉及公共财政建设范畴。政府收支分类改革、编制部门预算、国库集中支付制度和政府采购制度的建立与完善都是为了使政府信息公开、透明，提高财政资金的配置效率。然而，在公共财政体制下，要保证财政资金使用有效和财政管理信息公开、公正、透明，考核部门预算编制合理性及其执行效果，考察国库集中支付中的现金管理效率，考评政府采购成本合理性以及对财政资金运动进行全过程、系统地监督，都需要政府会计信息作支撑。综上所述，结合我国公共财政建设的大背景可知，我国政府会计亟待变革。

（1）政府会计目标。现行《财政总预算会计制度》第十二条规定：“总预算会计信息，应当符合预算法的要求，适应国家宏观经济管理和上级财政部门及本级政府对财政管理的需要”。《行政单位会计制度》第十二条规定：“会计信息应当符合国家宏观经济管理的要求，适应预算管理和有关方面了解行政单位财务状况及收支结果的需要，有利于单位加强内部财务管理”。《事业单位会计准则（试行）》第十一条规定：“会计信息应当符合国家宏观经济管理的要求，适应预算管理和有关方面了解事业单位财务状况及收支情况的需要，并有利于事业单位加强内部经营管理”。这一表述与《行政单位会计制度》类似。可见，我国1998年的预算会计改革，没有明确提出预算会计的目标。总括起来，中国预算会计的最高会计目标应该是政府向它的人民及其代表即人民代表大会提供有助于其评价政府受托责任的信息（赵建勇，1999）。实际上，会计信息使用者及其信息需求是研究会计目标的起点和归宿。

随着公共财政建设的不断推进，政府财政信息透明度要求不断提高，政府会计的信息使用者及其信息需求可以分为内部信息使用者针对财政资金收支的信息需求和外部信息使用者针对政府财务状况和业绩考评的信息需求。相应地，政府会计可以划分为预算会计（政府管理会计）和政府财务会计以满足上述两种不同的信息需求，并形成政府会计目标的两大具体目标：即向各级政府机构提供财政资金收支信息和向社会公众提供有关政府财务状况与业绩考评的信息。我们认为，这两大具体目标均可用“认定和解除公共受托责任”高度概括。因为政府的财政资金来源于公众委托，并且对社会公众具有强制性。预算会计本质上是对内认定和解除各级政府之间的受托责任；政府财务会计本质上是对外认定和解除整个政府的受托责任。二者核算的对象都是公众投入的各种资源，因而政府会计的两大具体目标本质上都是认定和解除公共受托责任。政府会计目标应定位为：以向政府、立法机构提供财政资金收支信息为主，同时提供财务状况方面的信息（北京市预算会计研究会，2006）。政府会计的目标在于实现政府履行职责的高经济透明度（陈小悦和陈璇，2005）。我们认为，公共财政建设环境下，政府会计目标应该以预算会计目标为基础，积极推进政府财务会计目标建设。

（2）政府会计适用范围与核算对象。从公共财政建设的目标和具体措施出发，理论上讲，政府会计的适用范围应该包括占用和使用财政资金的所有部门和单位。目前，政府会计适用范围争论的焦点主要集中在两个方面：一是事业单位是否纳入政府会计范围；二是国有企业是否纳入政府会计范围。

2008年2月27日，中共十七届中央委员会第二次会议通过了《关于深化行政管理体制改革的意见》（以下简称《意见》），称深化行政管理体制改革的总体目标是：到2020年建立起比较完善的中国特色社会主义行政管理体制，通过改革实现行政运行机制和政府管理方式向规范有序、公开透明、便民高效转变，建设人民满意政府。行政管理体制改革的核心是政府职能转变。《意见》明确提出要推进事业单位分类改革：按照政事、事企分开和管办分离的原则，对现有事业单位分三类进行改革：①主要承担行政职能的，逐步转化为行政机构或将行政职能部门划归行政机构；②主要从事生产经营活动的，逐渐转化为企业；③主要从事公益服务的，强化公益属性，整合资源，完善法人治理结构，加强政府监管。我们认为，根据重要性原则，在实务操作中，第①种类别的事业单位目前应该纳入政府会计范围；第②种类别的事业单位应该纳入企业会计范围；第③种类别的事业单位应该纳入非营利组织会计范围。因而，政府会计的适用范围包括：财政部门、行政单位和以承担行政职能为主的事业单位。

其次，关于国有企业是否纳入政府会计范围。著名财务学家郭复初教授（1997）认为，按经济性质与用途分类，资金可以分为基金和本金（郭复初，1997）。本金是各类经济组织为进行经营活动而垫支的资金。本金主要包括国家财务资金（国有资产管理部门与中介经营组织的资金）、企业财务资金、商业银行资金等。本金由于是为生产经营活动垫支的资金，它并未被消耗掉，而要从收入中收回，并要求增值，因而具有周转性与增值性等基本特征。基金是指国家行政组织与各类事业单位为实现其职能而筹集与运用的专项资金。主要包括财政资金、保险资金、社会保障资金等。基金由于是为了某种专门用途而支出，它要求被消耗掉，因而具有一次收支性与无偿性等基本特征。两者在一定条件下可以相互转化[①]。但是本金的占用主体是各类经济组织，而基金的占用主体是各种社会经济管理组织；本金的经济用途是为生产经营活动而垫支，基金的经济用途则是为国家实现政治和行政管理职能服务。本金与基金分开，正适应了国家生产资料所有者职能与社会经济管理职能分开的需要，具有重要的理论意义和实践意义。据此可知，财政资金属于基金。历史上我国国有企业主要是因财政注资而形成的，也即财政资金（基金）转化为国有资本金（本金）。为了反映这一交易或事项，政府会计应记录这笔财政支出。公共财政建设的关键是政府职能转换，一旦形成国有企业，它就是一个独立经营、自负盈亏、创造最大化组织租金的经济实体。政府不能以行政手段直接干预国有企业。因而，将国有企业纳入政府会计核算范围是缺乏理论依据的，也是不现实

---

① 如财政拨款一旦进入企业财政支出过程即告结束，财政资金就转化为财务资金，对财务资金的经营是企业的事，而非财政的事。另外，保险资金和社会保障资金在收支有结余与无风险投资的前提下，其用于投资，也会由基金转化为本金，而财务资金盈利能力强，也会上缴更多的税收，从而使部分本金转化为基金。

的。但国有资本金因由财政资金（基金）转化而来，理应成为政府会计的核算对象。值得特别注意的是，为了参与央企分红，国务院于2007年9月8日发布了《关于试行国有资本经营预算的意见》[①]，以规范国有资本经营预算编制及红利上缴。国有企业上缴红利至财政部门，实际上是国有资本（本金）转化为财政资金（基金）。为了反映这类交易或事项，政府会计应该记录这笔财政资金（基金）收入。即根据国有资本经营预算上缴的国有资本收益（红利）也应该属于政府会计的核算对象。综上，从政府会计目标来看，政府会计的核算对象就是政府会计适用范围中的基金运动。

（3）政府会计主体

政府会计主体分为记账主体和报告主体。记账主体是政府会计在进行会计记录时对各种来源的财务资源之间范围的界定；报告主体是政府会计在提供财务报告时对报告对象涵盖范围的确定。政府会计在提供单一层级、单一财务资源的报告时，记账主体和报告主体是一致的；而在提供汇总报表和合并报表时，两者并不完全重合（北京市预算会计研究会，2006）。公共财政建设环境下，强调了“专款专用”原则，因而政府会计主体应由原来的一般预算、基金预算、专用基金等转向政府基金、权益基金和受托基金[②]。基金成为会计主体可以更加清晰地反映各种基金的收支，并为评价基金使用效率创造了条件，是在会计层面提高财政透明度的重要举措。

（4）政府会计核算基础

财政透明度是指政府向公众公开政府的结构和职能、财政政策的目标、公共部门账户和财政预测等信息的程度（程晓佳，2004）。提高财政透明度，考核政府部门业绩以及防范财政风险是公共财政建设的重要内容，而这都需要以权责发生制为基础才能顺利实现。此外，随着预算管理从现金制预算转向应计制预算的趋势不断加强，政府会计从现金收付制转向权责发生制是必然的趋势。当然，这个转换过程应该是循序渐进的。

（5）政府财务报告

目前，资产负债表是财政总预算会计和行政事业单位会计中共有的会计报

---

① 《意见》称，从2007年起，在中央本级试行国有资本经营预算，地方试行的时间、范围和步骤由各省（区、市）及计划单列市人民政府决定。

② 这里的“基金”内涵主要是“专款专用资金”，与郭复初（1997）所称“基金”的内涵存在一定的差异。

表，也是基本会计报表。财政总预算会计中的预算执行情况表、行政单位中的收入支出总表以及事业单位中的收入支出表，都是反应预算会计中有关收支情况的报表，可统称为收入支出表。政府会计目标决定了财务报告的内容。王庆东和常丽（2007）提出了我国政府财务报告改革的“双重导向观”，即兼顾外部信息使用者的需求和内部控制以及宏观经济管理的需要，同时借助于政府财务信息传递机制实现这一目标（王庆东和常丽，2007）。我国现行预算会计以收付实现制为基础，缺乏反映政府全面经济状况的财务报告。为了适应公共财政建设的要求，提高财政透明度，推行政府信息公开以及权责发生制核算基础的的逐步引入，我国政府会计财务报告应包括资产负债表、预算收支表、单项基金报表、净资产变动表、项目损益表等报表，以及相应的报表附注和文字说明。由于我国是中央集权制国家，编制各种汇总会计报表和合并财务报告用以反映整个政府预算执行情况和财务状况也显得尤为必要。①

① 本章与赵西卜合作，发表于《华东经济管理》2011 年第 9 期，人大复印资料《财务与会计导刊》全文转载。

第15章

政府会计二元结构体系中的概念框架研究

15.1 问题缘起

国家带有掠夺和契约两重性：若暴力潜能在公民之间进行平等分配，即产生契约型国家；若这种分配是不平等的，则产生掠夺型国家（诺斯，1990）。无论国家的性质是什么，它均要实现统治者控制的租金最大化和社会总产出最大化的双重目标，这就决定了国家需借助税收采集足量资源，并进行有效的分配。资源分配的去向应是非竞争性领域。有效的政府应该通过创建良好的经营环境、维护公平的市场竞争秩序和保护利益相关者财产权益等措施，为所有竞争性市场主体提供稳定预期，从而促进生产性努力的增长，助推经济发展。政府资金的收支活动就是财政。“公共性”是财政与生俱来的本质属性，作为一个有别于计划经济年代的财政制度安排，以覆盖范围不断拓展为集中体现的中国公共财政建设之路，实质上是一个让传统中国财政体制机制和传统中国财政学回归“公共性”轨道的过程（高培勇，2008）。由“国有制财政＋城市财政＋生产建设财政”向“多种所有制财政＋城乡一体化财政＋公共服务财政”转变，是过去30多年来，中国财政体制从“非公共性”向“公共性”过渡的基本轨迹。为了彰显公共财政“体现公共性、保障公平性、实践公益性和实现法制性”的目标，一方面，我们须实行部门预算（综合预算）、单一账户国库集中支付、收支两条线、以招投标集中采购为代表形式的政府采购制度、与国际通行标准趋同的政府收支分类、绩效预算以及财政绩效评估制度等予以支撑；另一方面，我们须建立有效的政府会计系统，实现对政府财政收支状况、财政资金使用效率效果的全过程控制，为政府高效治理奠定坚实基础。

自金融危机以来，希腊、意大利、爱尔兰和葡萄牙、冰岛等国家发生了严重的主权债务危机，这归因于政府财政收支松懈，债务约束弱化以及以收付实现制为基础的政府会计。截至目前，IPSASB（国际公共部门会计准则理事会，下同）已发布了 32 项具体准则，并加快构建公共部门主体通用目的财务报告概念框架，拟在 2013 年底完成该概念框架，用明确的概念为制定 IPSASs（国际公共部门会计准则，下同）提供指引。该项目分 4 个阶段建立，目前已开始前 3 个阶段的工作，发布了第 1 阶段的征求意见稿和第 2、3 阶段的咨询文件①。

我国《国民经济和社会发展十二五规划纲要》（以下简称《十二五规划纲要》）明确提出：要完善预算编制和执行，强化预算支出约束和执行监督，增加预算透明度，进一步推进政府会计改革，逐步建立政府财务报告制度。预算制度的完善客观上需要政府会计在基础层面提供“拨款、承诺、核实和支付”整个预算执行全过程的重要信息。与《十二五规划纲要》相呼应，我国在《会计改革与发展“十二五”规划纲要》中明确指出要全面推进事业单位和政府会计改革：一是适应广大事业单位改革的需要，全面修订《事业单位会计准则》和《事业单位会计制度》，整合事业单位行业会计制度；二是建立健全以满足政府财务管理和财务信息需求为目标，以权责发生制为基础，包括基本准则、若干具体准则和应用指南在内的政府会计准则体系，推动建立政府财务报告制度。当前，与政府会计改革相关的制度环境正在发生重大有利变化，2011 年《关于分类推进事业单位改革的指导意见》、《行政事业单位内部控制规范》（征求意见稿）、《预算法修正案（草案）》相继发布，为政府会计改革创建了优越的制度环境。

从严格意义上讲，我国目前还没有能够全面反映政府经济资源、现时义务

---

① IPSASB 于 2011 年 6 月 15 日发布并开始评论第 1 阶段的征求意见稿（ED 1）“公共部门主体通用目的财务报告概念框架：角色、权威与边界，目标与使用者，质量特征和报告主体”；第 2、3 阶段的咨询文件（Consultation Paper）“公共部门主体通用目的财务报告概念框架：财务报表要素和确认”和“公共部门主体通用目的财务报告概念框架：财务报表中资产和负债的计量”。

和业务活动全貌的政府会计体系（刘玉廷，2004）。现行预算会计主要反映政府预算收支执行情况，无法真实反映政府的财务状况、营运成果等业绩评价信息。例如，预算会计不能全面、完整地反映政府债务，尤其是隐性债务，缺乏完整的反映政府财务状况的政府财务报告。因而，建立既满足财政收支合法性预算管理要求，又满足政府公共产权使用效益绩效管理需求的政府会计系统，显得极为迫切和及时。

学术界对政府会计改革的探讨已取得丰硕成果，学者们主要研究了政府会计改革的现状与难题（刘玉廷，2004；路军伟和李建发，2010；肖鹏，2010；Anessi-Pessina et al.，2010）、政府会计目标定位（陈小悦等，2005；陈穗红等，2007；丁鑫和荆新，2010；李晓慧，2010）、政府会计核算基础（戚艳霞等，2008；常丽，2009；贺敬平等，2011；Kara，2011）、政府会计主体界定（Martens and Murphy，2000；叶龙等，2006）、政府会计核算及信息披露（Cheng，1992；王彦等，2009；赵西卜等，2010）、政府会计改革实施路径（李晓慧，2009；张琦等，2009；路军伟，2010）以及政府会计概念框架体系（Carpenter and Feroz，2001；赵建勇，2001；陈志斌，2011），形成了以下重要共识：一是须引入权责发生制核算基础以揭示政府的资产、负债等财务状况；二是适度分离政府财务会计与预算会计，以使政府会计信息既能满足政府绩效管理与评价的要求，又能满足预算执行监督与控制的需求；三是完善政府预算会计系统，使其反映“拨款、承诺、核实和支付”整个预算执行全过程的情况；四是中国政府会计改革应坚持“渐进式”道路，与中国经济渐进式改革的基调保持一致，减少改革阻力。当前研究主要围绕政府会计概念框架中的单一问题展开，系统性探讨政府会计概念框架的文献太少，且未达成共识，尤其缺乏从政府会计由预算会计和财务会计构成的“二元”结构维度展开探讨。本书拟在“政府会计 = 预算会计 + 财务会计”这一“二元”结构等式的基础上探讨政府会计概念框架及表现形式，旨在指导建立符合中国国情的、逻辑一致、首尾一贯的政府会计概念框架及准则体系。

所谓概念框架，就是由一系列紧密相连的概念所构成的内在逻辑一致、首尾一贯的框架体系。该概念框架实际上就是一门学科的基本理论体系。政府会计概念框架实质上就是政府会计理论体系中与实务结合得非常紧密、不可回避且认可度高的一系列基本概念的联结，旨在为政府会计实务提供逻辑一致、首尾一贯的理论指导，为发展政府会计准则奠定坚实基础，其涵盖的内容主要包括政府会计目标、政府会计核算对象与适用范围、政府会计主体、政府会计信息质量特征、政府会计核算基础与计量属性、政府会计要素、政府财务报告等。

15.2　政府会计目标

政府会计目标解决“政府会计是干什么的”问题。IPSASB 强调：公共部门财务报告应以决策有用性为首要目标，反映受托责任为次级目标。国外政府会计目标的表述大体有英美模式和德法模式，前者将政府会计定位于财务会计（资源会计），主要为外部信息使用者提供财务信息，阐明政府履行的受托责任；后者将政府会计定位于预算会计，主要向政府立法机关、行政部门提供财政预算信息，供议会和政府决策使用。在公共财政体制框架下，各国关于政府会计原则性目标的提法基本一致，即提供有助于决策和反映公共受托责任的信息（赵西卜，2011）。政府会计目标应关注政府会计信息需求方；当前，政府会计信息应主要向立法机关、行政管理部门提供，应以提供财政资金信息为主，主要为国家和政府领导决策服务；政府会计目标应定位于“以向政府、立法机构提供财政资金收支为主，同时提供财务状况方面的信息”（北京市预算会计研究会，2006）。中国政府会计目标应包括三个方面（陈志斌，2011）：一是符合“管控治理观”，即政府会计信息应该能够为上级政府部门评价下级政府部门的绩效服务；二是符合“解除受托责任观”，即政府会计信息能够帮助公众确定政府履行的受托责任、评价政府提供服务水平及其绩效、评估政府履行到期职责的能力；三是符合“决策有用”，即政府会计信息应能提供外部资源提供人或潜在投资人正确决策的信息。政府会计目标的表述应在考虑信息需求方要求的情况下充分借鉴企业会计准则的经验，以使其符合我国的习惯。基于政府会计“二元”结构思想，政府会计目标实际上含有预算会计目标和财务会计目标两大方面。预算会计的目标是提供反映政府财政资金收支合法性情况的信息，而财务会计的目标是提供反映政府使用公共资源的合理性、效益性等财务状况信息。其中，预算会计目标可用“公共受托责任”概括，而财务会计目标可用“公共受托责任 + 决策有用”概括。受托责任可划分为对内受托责任和对外受托责任。预算会计的公共受托责任主要是对内受托责任，即主要局限于政府内部，类似于上述的“管控治理观”；而财务会计的公共受托责任则主要是对外受托责任，反映政府对社会公众履行的资源受托责任，类似上述的“解除受托责任观”。因而，“二元”结构政府会计目标的完整表述是“公共受托责任+决策有用性”。即政府会计的目标是向政府会计信息使用者提供与政府预算执行和政府财务状况等有关的会计信息，反映政府公共受托责任的履行情况，有助于政府会计信息使用者作出经济决策。该观点充分利用了“英美模式”和“德法模式”的优势，可以实现预算管理和业绩评价双重具体目标，是在政府预算会计与财务会计适度分离的情况下，政府会计目标的完整表述。

15.3 政府会计核算对象与适用范围

政府会计核算对象可以划分为以美国、英国、新西兰、澳大利亚为代表的核算对象涵盖政府全部资源以及以德国、法国为代表的核算对象包括政府全部收支和部分以照权责发生制基础核算的资源两大类别。我国当前的预算会计是以反映预算收支执行结果但未反映执行全过程，且未全面反映政府对公共资源支配、使用及其结果信息，有点类似德法模式。按经济性质与用途分类，资金可以分为基金和本金（郭复初，1997）：本金是各类经济组织为进行经营活动而垫支的资金，具有周转性与增值性等基本特征；基金是指国家行政组织与各类事业单位为实现其职能而筹集与运用的专项资金，具有一次收支性与无偿性等基本特征。本金的占用主体是各类经济组织，而基金的占用主体是各种社会经济管理组织。本金与基金分开，适应了国家生产资料所有者职能与社会经济管理职能分开的需要，但两者在一定条件下可以相互转化。国有资本经营预算资金的来源属于本金，纳入政府预算上缴之后形成基金。若将国有资本经营预算资金用于国有企业的扩大再生产，则再由“基金”转变为“本金”；若将该预算资金用于社会保障支出，则仍为从“基金”到“基金”。对于政府会计而言，上缴国有资本经营预算资金应成为政府会计的核算对象，政府投向国有企业的资本金也应成为政府会计的核算对象。因而，现实中，只要资金流入或流出财政系统，则均应成为政府会计的核算对象，即政府会计的核算对象可表述为：社会再分配过程中的基金运动。

政府会计的核算对象决定了其适用范围，依此逻辑，政府会计的适用范围就是使用“基金”的部门和单位。现实中，只要一个部门或单位的业务收支资金涉及到“基金”，均应将这些业务纳入政府会计范畴。国外判断一个单位是否纳入政府会计体系以是否使用政府资源、政府是否直接支配运营过程和结果以及政府是否须直接负有财务责任为标准。只要同时符合这三条标准，就纳入政府会计适用范畴。目前，我国财政部门和行政单位属于政府会计范畴是毫无争议的，争论的焦点主要集中在“事业单位和国有企业”是否应纳入政府会计适用范围。2011 年 3 月，中共中央、国务院发布了《关于分类推进事业单位改革的指导意见》，指出要划分现有事业单位类别和细化从事公益服务的事业单位，按照社会功能将现有事业单位划分为承担行政职能、从事生产经营活动和从事公益服务三个类别。对承担行政职能的，逐步将其行政职能划归行政机构或转为行政机构；对从事生产经营活动的，逐步将其转为企业；对从事公益服务的，继续将其保留在事业单位序列，强化其公益属性。其中，对于承担基本公益服务，不能或不宜由市场配置资源的，划入公益一类；承担公益服务，可部分由市场配置资源的，划入公益二类。可见，当前承担行政职能事业单位须纳入政府会计范围，从事生产经营活动的事业单位不应纳入，公益一类事业单位须全部纳入，而公益二类事业单位中涉及财政资金的业务须纳入政府会计范围。至于国有企业是否应纳入政府会计范围。现实情况是，历史上我国国有企业主要是因财政注资而形成的，也即财政资金（基金）转化为国有资本金（本金）。为了反映这一交易或事项，政府会计应记录这笔财政支出。公共财政建设的关键是政府职能转换，一旦形成国有企业，它就是一个独立经营、自负盈亏、创造最大化组织租金的经济实体。政府不能以行政手段直接干预国有企业。因而，将国有企业纳入政府会计核算范围是缺乏理论依据的，也是不现实的。但国有资本金因由财政资金（基金）转化而来，理应成为政府会计的核算对象，纳入政府会计范畴。综上所述，政府会计的适应范围包括：财政部门、行政单位以及“承担行政职能、从事公益服务”的事业单位。

15.4 政府会计主体

政府会计主体是政府会计核算的首要前提，决定了政府会计核算的空间范围。该空间范围应局限于政府会计适用范围之内。在美国，政府会计主体分为记账主体和报告主体。其中，记账主体是各类基金，报告主体是以基本政府为核心的通过多重委托代理关系链而组成的各级政府部门，从而形成基金会计模式。在国外，政府会计主体主要是指报告主体，该报告主体是以记账主体提供的各类基金信息为基础的。在国内，我们一般讲的政府会计主体主要是指记账主体；报告主体是指政府在提供财务报告时，哪些记账主体的内容应纳入其组成部分。政府会计在提供单一层级、单一财务资源的财务报告时，记账主体和报告主体是一致的；在提供汇总报告和合并报表时，记账主体和报告主体并不完全重合（北京市预算会计研究会，2006）。目前，我国关于政府会计主体的观点主要有三种：一是包括各级政府及其所属行政单位；二是包括基金主体、政府部门单位以及本级政府三个层次；三是包括中央政府、各级地方政府、国家立法机关、行政机关、审判机关和检察机关。第三种观点是从广义政府角度来界定政府会计主体的，值得借鉴；第二种观点主张中国建立基金会计主体，在实务中是可行的；第一种观点未将部分事业单位纳入，是不完整的。我国政府会计具有多层次性、复合性的特点：一是财政资金纵向分配使得各级政府、各级政府部门都是会计主体，形成多层次性特征；二是财政资金横向流动使得这些资金贯彻专款专用原则，形成基金，需按基金会计主体进行核算报告，一个政府部门的财政资金收支既有纵向收支、也有横向收支，从而使得该部门成为复合性会计主体。我们认为，为了完整地反映财政资金收支及其流转过程，贯彻专款专用原则，形成有效的政府治理生态，政府会计主体应包括基金主体、政府部门单位和各级政府①三大层次，按照行政隶属关系，以最基层的基金主体和政府部门单位为基础，逐级汇总和合并，形成本级政府、上级政府财务报告乃至整个国家的政府综合财务报告。

---

① 这里的政府是指政府会计适用范围中的财政部门、行政单位和事业单位。

15.5　政府会计信息质量特征

在IPSAS NO.1《财务报表》的附录中，IPSASB规定了政府财务报告的10项质量特征：可理解性、相关性、重要性、可靠性、真实性、实质重于形式、中立性、谨慎性、完整性和可比性；同时认为及时性、成本效益权衡、各信息质量特征之间的平衡是制约可靠性与相关性的三项因素。当前，学术界针对我国国情所形成的信息质量特征观点主要有两种：一是首先应满足合法性、统一性、及时性，其次才是可理解性、可靠性、相关性、一致性和可比性（赵西卜，2011）；二是透明度是总体质量特征，主要质量特征包括真实性、公正性、可理解性、一致性等（陈志斌，2011）。我们认为，政府会计信息质量特征要同时兼顾预算会计和财务会计两个方面，同时考虑政府会计与企业会计之间的异同。一般而言，预算会计要强调财政收支的合法性，因而合法性可纳入预算会计中；另外，与财务会计相比，预算刚性约束要求预算会计提供的会计信息应将可靠性放在首位。而财务会计提供的政府财务状况等业绩评价信息在可靠性的前提下更关注相关性。另外，与企业会计相比，政府会计信息具有重大的政治经济后果，阅读对象涵盖面十分广泛，因而，可理解性的要求比企业会计信息要求更高。在任何一个国家，预算会计都是整个政府会计系统的基础，因而在“二元”结构框架下，政府会计重要的信息质量特征至少包括：合法性、可靠性、相关性和可理解性。

15.6　政府会计核算基础与计量属性

政府会计引入权责发生制被认为是政府防范债务风险、实施绩效评价、维护国家经济安全、实现可持续发展的必然选择。学界一致认为，现行预算会计采用“收付实现制”的做法存在局限，须逐步推行权责发生制。但对权责发生制如何引入、引入的程度等问题仍未达成共识，特别是在如何处理收付实现制与权责发生制的关系方面仍存较大争议。我国政府会计核算基础的选择归纳起来主要有三种观点：一是推行修正的收付实现制；二是采用修正的权责发生制；三是采纳完全的权责发生制。在“二元”结构理念下，上述三种观点均无法同时满足预算管理要求和业绩评价要求。从预算编制到政府会计全方位采用权责发生制的方式并不可取，在财务会计方面全面采用权责发生制也不现实（赵西卜，2011）。政府会计的核算基础总体上应采用“双基础制”（北京市预算会计研究会，2006）：基本业务（预算收支及结余）采用收付实现制，个别事项（应收未收、应支未支）、部分项目（资本支出、长期资产处置、外债借款与偿还）采用收付实现制和权责发生制双基础制。陈立齐（2010）认为，权责发生制的引入须明确会计与预算的关系：如果会计是服务于预算的，则尽可能采用收付实现制基础，以便反映预算收支；如果预算服务于会计，那么不但会计系统可以采用权责发生制，甚至政府预算也应采用权责发生制（张琦等，2010）。陈穗红（2010）则认为，政府会计核算基础的选择必须适应预算管理改革的要求（张琦等，2010）。我国政府会计理性的确认基础应该是从修正的收付实现制到修正的权责发生制（陈志斌，2011）。在预算会计与财务会计适度分离的情形下，笼统地讲修正的收付实现制、修正的权责发生制和完全的权责发生制是没有意义的，为了实现政府会计预算管理和业绩评价双重具体目标，合乎逻辑的选择是“双重”核算基础：在预算会计系统中采用收付实现制以使其满足预算管理要求，而在财务会计系统中采用权责发生制以使其满足业绩评价要求。

对于政府会计的计量属性，比较一致的看法是以历史成本计量为主。我们认为，在预算会计与财务会计相对独立的前提下，预算会计系统应采用历史成本计量基础；而财务会计系统应以历史成本计量基础为主，辅之以适当的公允价值计量基础（含公允价值、重置成本、可变现净值和现值等计量属性）。随着纳入财务会计系统核算的政府资产（文化资产等）、负债（隐性负债等）范围的逐步扩大，当历史成本计量基础和公允价值计量基础无法可靠取得的时候，建议采用名义金额计量，并予以充分披露。

15.7　政府会计要素

政府会计要素是对政府会计对象的具体化，社会再分配过程中的基金运动，其流转一部分会进入预算会计系统，同时另一部分会转入财务会计系统。因而其具体化的会计要素须涵盖预算会计要素和财务会计要素，形成“二元”结构会计要素。我国目前预算收支表要素与资产负债表要素基础一致（即单一结构）的设计，显然无法满足对基于收付实现制（或修正的收付实现制）预算收支表信息与基于权责发生制资产负债表信息的双重需要（王彦等，2009）。于是，要实现政府会计预算管理和业绩评价的双重目标，以收付实现制为基础构建预算会计要素和以权责发生制为基础构建财务会计要素显得十分迫切。从稳步推进我国政府会计改革考虑，当前我国预算会计要素应该包括预算收入、预算支出和预算结余；财务会计要素应包括资产、负债和净资产。这种“二元”结构会计要素几乎涵盖了社会再分配过程中基金流转的全部状态，是一个完整的会计要素体系。尽管有学者主张财务会计要素还应包括收入和费用，但是由于政府是非盈利性的，加之其收入和费用与预算收支存在太多重复，且收入与费用的扣减并不能反映特定政府的运营绩效，因而设置“收入、费用”会计要素的意义不大。

15.8　政府财务报告

政府财务报告是信息使用者的需求产品，是实现政府会计目标的载体。世界上不同国家的政府财务报告名称各不相同，但大多包括合并报表、财务报表、财务报表附注及文字报告。按照财务报告的一般范式，政府财务报告大体包括财务报表、附注与分析报告、审计报告三部分，其中财务报表包括财务状况表、财务绩效表、现金流量表等（陈志斌，2011）。我国政府会计报表应包括资产负债表、预算收支表、单项基金报表，并以净资产变动表、项目损益表等辅助报表为补充，因预算收支表与现金流量表重复太多，暂不宜编报现金流量表（北京市预算会计研究会，2006）。当前，政府财务报告改革的关键应在以下两个方面达成共识：一是哪些报表应纳入政府财务报告；二是是否需要编报政府综合财务报告。对于第一个问题，遵循“二元”结构思维，作为收付实现制基础的预算收支表和权责发生制基础的资产负债表必须纳入政府财务报告体系中。现金流量表因与预算收支表重复太多，其编制意义不大，不符合成本效益原则，于是不应纳入其中。而以权责发生制为基础的营运表编制不符合当前改革成本与改革收益相权衡的原则，因为基于权责发生制的收入、费用以及两者之间的差额并不能说明政府层面和部门层面的绩效。这种收入和费用往往是行政权力赋予的，而不像企业那样是通过自身的生产性努力获得的。鉴于此，当前不宜将营运表纳入政府财务报告体系中。对于第二个问题，缺乏政府综合财务报告是我国当前业界和学界的共识。从世界范围来看，联邦制国家大多提供政府综合财务报告，因为其编报仅局限于州、地方政府和中央政府范围。在集权制国家，政府层级越多，涉及的汇总和合并问题越复杂，编制政府综合财务报告的难度越大、成本越高。我国政府是由五级政府构成的一个整体，不编制政府综合财务报告无法摸清整个国家的“家底”。因而，我们迫切需要开发并建立统一的政府会计信息系统，从基层政府层面开始逐级汇总、合并，形成各级政府财务报告以及政府综合财务报告。与企业财务报告相类似，政府审计报告本质上不属于政府财务报告，我们不宜将其作为政府财务报告的组成部分。因而，我国的政府财务报告须包括：财务报表（预算收支表和资产负债表）、政府综合财务报告、报表附注与文字说明。

15.9 政府会计概念框架表现形式

政府会计概念框架的表现形式是什么呢？在我国，概念框架的称谓是“基本准则”，与政府会计准则体系紧密相连。政府会计准则的构建应借鉴企业会计准则体系的经验，由基本准则、具体准则和应用指南组成，建立政府财务报告制度。其基本形式存在两种可供选择的方案：一是预算会计和财务会计分别建立各自的基本准则、具体准则和应用指南；二是将预算会计与财务会计融为一体，将“二元”结构思想在一套基本准则、具体准则和应用指南中体现。实际上这两种方案对单个的具体准则及其应用指南而言是没有任何影响的，只是对基本准则存在较大影响。从我国的国情和文化传统出发，将预算会计基本准则与财务会计基本准则融为一体是可行的，只需在基本准则中体现“二元”结构思想，并不会引起混淆，反而有助于读者比较预算会计与财务会计的不同价值取向及其特征。例如，我们可以在会计目标、会计信息质量特征、会计核算基础、会计要素、会计计量属性、财务报告等方面体现“二元”结构思想，按照“预算会计 + 财务会计”的思路，会计目标体现为“公共受托责任 + 决策有用”、信息质量特征为“可靠性 + 相关性”、会计核算基础为“收付实现制 + 权责发生制”、会计要素为“预算收入、预算支出和预算结余 + 资产、负债和净资产”、计量属性为“历史成本 + 公允价值”、财务报告则为“预算收支表 + 资产负债表”。这种“二元”结构设计理念，吻合当前我国的制度环境，有助于提高政府会计准则体系的适应性效率，体现平稳过渡的要求。[①]

---

① 本章发表于《财经理论与实践》2012 年第 4 期。

第16章

产权保护导向的政府内部控制研究

16.1 问题缘起

党的十八大报告强调：要建立健全权力运行制约和监督体系，确保决策权、执行权、监督权既相互制约又相互协调，国家机关按照法定权限和程序行使权力。十八届三中全会发布了《中共中央关于全面深化改革若干重大问题的决定》，指出：要强化权力运行制约和监督体系，坚持用制度管权管事管人，构建决策科学、执行坚决、监督有力的权力运行体系，健全惩治和预防腐败体系。政府权力运行制约与监督体系的创建需要内部控制从基础层面予以支撑。2014年1月1日，财政部发布的《行政事业单位内部控制规范（试行）》开始实施，正式启动了行政事业单位内部控制的实施工程，这对保障政府单位活动的合法合规、保护国家财产的安全完整以及防止各种舞弊和腐败具有重大意义。政府的主要功能是保护产权，它通过提供一套产权制度体系，界定了经济社会正常运转的产权结构，也确定了政府履行公共受托责任的基本规则。要将产权保护的制度安排落到实处，还须创建政府部门内部控制框架体系来高效执行与及时反馈。有效的内部控制，能够降低公共受托责任契约的不完备程度，弱化政府治理失败所引发的问题（张庆龙和聂兴凯，2011）。这对于反腐倡廉、保护人们财产权益和重塑政府信誉而言具有重要的现实意义。

当前，加强政府内部控制建设已经成为一种全球趋势。国外学者对政府内部控制问题的研究集中体现在两个方面：一是分析非营利组织内部控制的建设问题。Duncan *et al.*（1999）认为，有缺陷的内部控制会阻碍教会职员和雇员管理责任的履行，导致虚假的会计活动（Duncan *et al*, 1999）。Gallagher and Radcliffe（2002）发现建立内部控制系统可以合理保证非营利组织避免欺诈损失（Gallagher and Radcliffe, 2002）。Petrovits *et al.*（2011）认为，内控缺陷与内部控制披露不充分关系密切，建议非营利组织将来自捐助者、政府机关及其他重要来源的资金作为内部控制信息披露（Petrovits *et al.*, 2011）。二是讨论政府内部控制的建立与运行问题。爱德华·卡尼等（2009）阐述了政府内部控制体系的建立方式与实施方案（爱德华·卡尼，2009）。内部控制制度是政府责任的基础，是政府治理最重要的工作（IFAC, 2001）；国际最高审计机关（2004）颁布的《公共部门内部控制准则指南》，规范了内部控制的概念、参与人员、责任主体、合理保障、效果的有限性和机构目标的设置等，同时将"风险评估"纳入了公共部门内部控制体系，强调了公共部门风险评估的重要性，将内部控制的本质界定为防范风险（INTOSAI, 2004）。

国内对内部控制的研究集中体现在两个方面：一是完善我国政府内部控制的思路与举措研究。刘玉廷和王宏（2008）发现政府内部控制的核心关注点在政府行政活动的合法合规性、财务信息的真实完整性与资源分配的合理性方面，得出政府内部控制的有效实施应加强政府会计准则建设、强化政府部门内部审计作用以及适时跟进、合理吸纳企业内部控制的结论（刘玉廷和王宏，2008）。王光远（2009）建议将企业内部控制的实务经验和方法程序融入到政府内部控制领域（王光远，2009）。董小红（2008）从动态和静态两方面解释了政府内部控制，提出从制度控制和对策控制两个维度加强内部控制（董小红，2008）。二是政府内部控制框架体系的构建。刘永泽和张亮（2012）在界定我国政府范围的基础上，构建了涵盖政府内部控制概念、原则、目标和要素的内部控制框架体系（刘永泽和张亮，2012）。张庆龙（2012）借鉴企业内部控制框架五要素理论，结合政府部门业务的特殊性，提出了以控制环境、风险评估、控制活动、信息与沟通、内部监督五要素为内容的政府内部控制框架体系（张庆龙，2012）。

综上可见，当前学者集中讨论了政府内部控制的建立、框架体系和完善思路，这为本文奠定了重要基础，但对政府内部控制的有效实施问题讨论较少。本文结合财政部颁布的《行政事业单位内部控制规范（试行）》，针对政府内部控制的产权基础、目标、要素和实施机制展开探讨，旨在为政府内部控制的有效实施提供政策建议。

16.2 政府内部控制的产权基础

政府内部控制是为实现政府财务报告的真实性、政府行为合法性及防止和发现错误、舞弊的目标而设计的控制流程与制度体系。为什么要建立政府内部控制制度体系呢？国家的存在是经济增长的关键，又是人为经济衰退的根源。有效率的经济组织是经济增长的关键，其产生的必要条件是政府需要在制度上作出安排和确立所有权，刺激个人的经济努力变成私人收益率趋近社会收益率的生产性活动。在民主社会中，政府提供的基本服务是创建一套产权体系，提供保护产权的基本规则，降低经济体制运行交易成本，最大化社会产出，增加国家税收。因而，建立有效的产权制度体系对于政府而言显得尤为重要。产权制度提供了基本的产权结构，在整个人类历史上，人们基于产权结构来创造秩序并减少交易的不确定性，提高产权效率，有效保护自身财产权益。政府内部控制制度是内嵌于政府日常活动的控制性规范，可以防止政府公共权力异化，预防利益集团贪污腐败，确保政府政策制定的产权保护导向，建立良好的政府信誉。中国的经济改革创造了世界经济奇迹，但同时必须面对贪污、面对一个欠缺的司法制度、面对重塑政府信誉的现实。中国经济改革的成功归因于以资产界定权利的制度逐步取代以等级界定权利的制度，确立了私有产权界定、交易和保护的基本规则。这种成功是以约束政府公共权力膨胀为前提的，公共权力的膨胀必然引起权力异化，导致贪污腐败。为了深化经济改革和推进政治改革，创建一套产权保护导向的制度体系显得尤为迫切。确保产权制度有效性的关键是政策制定者秉承“有效保护人们财产权利”的理念，并创建一套控制规范使得政策制定者执行该理念，这套控制规范就是内部控制制度。

16.3　政府内部控制的目标

在合理保证单位经济活动的合法性、资产的安全与信息的完整性、财务报告的可靠性与及时性和有效防范舞弊方面，政府内部控制与企业内部控制的目标是一致的。但是，政府作为我国市场经济中存在的一类特殊会计主体，它不是赢利单位、其收入部分或全部来源于财政资金，其主要职能是社会服务。所以，行政事业单位内部控制制度建设不应以经济效益最大化为前提，而应以公共服务为目标来设计内部控制制度。此外，不同于企业内部控制，政府内部控制的目标还包括：合理保证国家资源分配公平公正，合理保证国家财政资金的安全使用以及提高公共服务的效率和效果。

16.3.1　合理保证国家资源分配公平公正

2013年我国的基尼系数已达到0.473，而国际警戒线为0.4，表明我国的收入差距问题相当严峻，贫富差距已引起我国政府高度重视，这归因于改革开放“让一部分人先富起来”的政策以及社会资源分配的不公平。在现代社会中，政府通过行使公共权力对社会资源进行再次分配。所以，政府有责任通过制定和实施有针对性的社会保障政策以及税收等再分配政策来扭转贫富差距不断扩大的趋势，解决资源分配不合理的问题。有效的内部控制可以合理保证政府部门在制定及执行上述政策中贯穿公平、公正原则，将有限的公众资源投向公共利益最大化的领域，合理保证国家资源分配的公平公正，遏制分配不公现象，保证公共受托责任的切实履行。

16.3.2　合理保证国家财政资金的安全使用

鉴于部分政府单位利用公款超标消费，单位招待费、会议费居高不下以及部分官员贪污腐败等问题的频繁发生，十七大明确提出了“反腐倡廉建设”这一科学概念，十八大又把反腐倡廉建设的地位进一步提升，将其放在作风建设之后、制度建设之前（李玉荣，2013；李斌雄和姜向红，2013），充分反映了党中央对保证国家财政资金合理使用的高度重视和坚强决心。政府内部控制作为反腐倡廉制度建设的新举措，可以防控权力异化风险，更加科学有效地防治腐败。所以，国家财政资金的安全合理使用成为了政府部门有效实施内部控制的另一目标。内部控制从一定意义上可以说是为其建立了一道廉政防火墙，使政府部门的日常管理活动有章可循，避免国家财政资金的滥用、浪费、流失等，促使政府部门的工作人员廉洁从政，有效遏制了贪污腐败、挪用资金、超标消费等行为，确保政府部门公共受托责任的有效履行。

16.3.3 提高社会公共服务的效率和效果

政府部门不仅要促进国家资源分配的公平、公正，而且要提高社会公共服务的效率和效果。有效的内部控制要求政府部门通过建立合理的组织结构，明确各部门各人员的职责分工，对授权、执行、审核和记录等不相容职务进行分离，建立问责机制，同时规范政府部门日常运行的业务流程规则，有效提高政府部门人员提供社会公共服务的效率和效果。

16.4 政府内部控制要素

政府内部控制要素是指实现政府内部控制目标应该采取的各种手段与程序，是政府内部控制体系具有可操作性的关键环节。政府内部控制包括内部环境、风险评估、控制活动、信息与沟通和内部监督五个要素。

16.4.1 内部环境

内部环境是所有其他要素的基础，是内部控制赖以生存的土壤，内部环境的好坏直接决定着其他控制要素能否真正发挥作用。一般而言，内部环境包括诚信与道德价值观、组织结构、权利与责任分配、人力资源政策与措施、员工胜任能力、反舞弊机制等。下面，我们侧重从人力资源、组织结构和部门文化三个维度讨论内部控制实施问题。

首先，制定人力资源政策与措施。人力资源政策与措施是对员工聘用、定岗、培训、评价、晋升、考核、薪酬等方面的制度规定，它引导员工达到政府部门期望的职业道德水平和胜任能力。如《会计从业资格管理办法》规定，在国家机关、社会团体、企业、事业单位和其他组织中担任会计机构负责人（会计主管）的人员，以及从事会计工作的人员应当取得会计从业资格（财政部，2012）。但是，我国个别政府部门的会计人员或其会计主管人员没有达到上述规定，业务素质较低。所以，政府部门应该严格地对政府人员的从业资格进行审查，不符合条件的不得聘用；要加强对政府部门从业人员的继续教育，不断提高政府部门从业人员的业务技能，提高部门人员的综合素质，保障政府内部控制的顺利实施。

其次，加强政府部门组织结构建设。政府部门的组织结构通过对政府部门日常运行活动进行规范、控制、监督和评估，保证政府部门目标的实现。与企业内部控制中的治理结构（股东大会、董事会、监事会及管理层）相比，政府的治理结构相对简单，缺乏一定的监督与制衡。如有的政府单位存在领导"一支笔"审批现象。所以，完善政府控制环境，最重要的就是要优化政府单位的治理结构。通过明确各级政府之间和政府各职能部门之间的职责权限，使政府部门的各项行政活动相互制衡。同时，对政府部门的各项运行活动进行绩效评估，从制度上完善政府内部控制环境。

最后，营造积极进取的政府部门文化。文化建设是控制环境建设的重要组成部分，政府部门人员拥有积极上进、廉洁进取的风气和精神面貌，有利于内部控制的顺利实施。在具体实施过程中，部门负责人居于关键地位，部门负责人对内部控制认识的程度决定着内部控制能否在政府部门顺利、有效地实施。部门负责人必须作为榜样营造一种廉洁上进、为人民服务的政府部门文化，为整个部门确立标准。同时，重视政府部门内部控制的宣传，在政府部门人员中普及内部控制观念，以强化全体人员的内控意识，加强政府部门负责人和员工的责任感，提高其遵循内控规范的自觉性，以保证内部控制执行的效率与效果。

16.4.2　风险评估

风险评估要求政府部门建立健全行政活动风险评估制度，对政府部门行政活动存在的风险进行客观、全面、系统地测评。由于政府单位业务的特殊性，其风险评估分为部门层面的风险评估与业务层面的风险评估。

首先，部门层面风险评估。部门层面风险评估重点针对社会资源配置不公、国家财产流失、行政官员贪污腐败等风险进行评估。政府部门在开展工作时，由于其拥有政府资源使用的决定权，拥有巨大的公共权力，其在资源使用的过程中可能会存在疏忽、侥幸、贪污等行为，这些行为会给社会带来巨大损害。因此，应当提高政府部门全体人员的风险评估意识，在部门内部设置风险管理小组，配备专门人员负责研究部门内部控制工作的组织情况、内部控制机制的建设情况、内部管理制度的完善情况、内部控制关键岗位工作人员的管理情况和财务信息的编报情况，使得政府部门能科学合理地评估风险，从而为应对实际工作中产生的各种风险提供依据。

其次，业务层面风险评估。业务层面的风险评估包括对预算管理、收支管理、政府采购管理、资产管理、建设项目管理、合同管理等进行评估。该层面的评估主要是对政府部门具体业务活动中的业务审核审批程序、业务履行情况及业务日常的具体工作进行评估，主要目的是对政府单位在履行具体行政业务过程中的违规行为进行防范和控制，尽可能地减少违规行为带来的损失。

16.4.3 控制活动

控制活动是指政府部门内部控制的政策和程序。控制活动是政府内部控制的重要载体，在政府内部控制体系中处于基础层面。控制活动的合理设计与有效执行代表了整个政府内部控制的效度，是政府内部控制目标能否顺利实现的关键。政府内部控制活动包括与不相容职务分离控制、预算控制、授权审批控制、收支业务控制、财产保护控制、合同控制和绩效考评控制等相关的活动(刘永泽和唐大鹏，2013)。政府内部控制的有效实施应重点关注以下控制活动：

一是不相容职务分离控制。政府部门在规划政府组织结构的过程中，需要考虑不相容职务分离问题，因为由单个员工或岗位独自履行职责会增加出现错误或舞弊的可能性。所以，内部控制的关键人员和关键岗位之间应形成相互制衡、相互监督的关系。具体的不相容职务主要有：一项业务的授权、执行、审核和记录要分离，财产物资的保管和记录要分离。不相容岗位的分离可以在一定程度上预防与发现行政业务执行过程中产生的错误、舞弊行为，确保政府内部控制目标的实现。

二是授权审批控制。授权审批控制的有效实施需要政府部门明确规定各岗人员行政业务处理权限、程序及责任，并建立重大事项集体决策和会签制度。现实中有些政府部门处理各类行政业务实行“一支笔”审批做法，滥用职权，极易导致腐败问题的发生（刘亚平，2010）。所以，政府部门必须建立完善的授权审批控制，按一定标准对授权活动、程序及权限进行规定，明确责权利关系，使授权在有序、合理的范围内进行，有效防止部门领导集权严重。

三是预算控制。预算是政府部门工作的起点和依据，是政府部门内部控制的核心环节。政府部门预算控制是内部控制制度的重中之重，是政府部门最需要加强的内部控制环节之一。完善政府部门的预算制度，首先应当完善预算编制、审批、执行、决算与评价等预算内部管理制度，使各部门的责任相互牵制、有机结合。其次，根据内设部门的职责和分工，对按照法定程序批复的预算在单位内部进行指标分解、审批下达，规范内部预算追加调整程序，发挥预算对经济活动的管控作用。最后，根据批复的预算对部门的收入与支出情况作出合理安排，确保预算的刚性约束，杜绝超预算、随意扩大预算等行为的发生（陈文东，2011）。

四是绩效考评控制。政府内部控制作为对政府部门人员分配政府资源的一种约束与管制机制，在一定程度上会受到部分人员的抵制。为了确保政府内部控制的顺利实施，应当将政府内部控制的执行情况作为其业绩考核的一部分。只有对政府部门的内部控制工作进行公正地评价、奖惩，才能为政府内部控制的有效实施奠定基础。

16.4.4　信息与沟通

信息与沟通是政府部门所需的信息被识别、获取和及时传递，以满足员工履行职责所需，是内部控制有效实施的重要组成要素。政府部门应当建立一个能完整、准确地收集与政府行政活动相关的各种信息，并在政府有关部门之间及时传递、有效沟通和正确应用的信息与沟通系统，以提高政府内部控制的运行效率，具体包括建立内部报告制度与举报投诉制度。

一是建立内部报告制度。首先，提高政府部门全体人员的信息管理意识，通过信息化专业培训，使全体人员提高利用有价值信息的能力。其次，在政府部门内部建立一个现代信息沟通管理系统，使每个内、外部信息都能通过这个系统及时传递给相关信息需求者，实现政府单位内部信息的有效沟通，同时应规定政府单位各部门人员在内部控制中的权限与职责，制定内部信息交换的程序和规则，提高流程中信息的可靠性，助推政府内部控制的有效运行（邱玲，2011）。

二是建立举报投诉制度。公开是最好的防腐剂。政府内部控制的有效实施离不开人民群众的积极参与。据调查，80% 的职务腐败是源于群众举报识别的。因此，要畅通人民群众监督的途径，为充分发挥群众监督作用创造客观条件。政府部门应建立有效的举报投诉制度，积极鼓励人民群众的监督，有效遏制贪污、腐败、公款消费等现象，从而促进政府内部控制的有效实施。

16.4.5 内部监督

内部监督是一个完善的政府内部控制体系必不可少的组成部分，是政府内部控制发挥作用的有力保证。有效的内部控制监督不仅可以影响单位的领导者、日常活动及组织文化，而且可以揭示浪费、欺诈和滥用。所以，政府单位应当建立健全内部监督制度，保证内部控制目标的实现。具体而言，内部监督包括强化内部审计职能和建立缺陷报告制度两个方面。

一是强化内部审计职能。政府内部审计部门是对内部控制建立与实施情况进行内部监督检查和自我评价的重要部门。但一些政府部门的内部审计设置不完善，监督流于形式（邱玲，2011）。政府部门应建立独立的内部审计机构，加强对审计人员能力素质、职业道德的培养，对单位的各项业务活动进行定期、公正、合理、科学地审计，增强事前和事中控制，及时发现并解决存在的各种问题，真正做到利用单位内审来提高单位内控效率，进而提高行政事业单位的整体管理水平。

二是建立缺陷报告制度。缺陷报告是将内部控制的缺陷自下而上报告的行为。为了有效实施内部控制，及时反馈内部控制实施过程中的缺陷，政府部门应建立适当的内部控制缺陷报告制度，及时汇集和报告政府管理过程中发现的内部控制缺陷，并对发现的内部控制缺陷进行适当的跟进评估，为修正内部控制缺陷提供依据，从而确保内部控制的有效运行。

16.5 政府内部控制实施机制

16.5.1 完善内部审计

内部审计是政府内部控制实施过程中的自我纠偏和修复机制。政府内部控制的有效实施必须以单位完善的内部审计为支撑。现实中，很多政府部门设置了专门的内部审计部门，但内审机构大多依附于政府执行机构，权威性和独立性均存在问题，无法对内部控制的设置及执行情况进行客观、独立地监督与评价（陈文东，2011）。因此，充分发挥内部审计的功效显得尤为迫切：一是通过内部审计审查和评价政府内部控制设计的合法性、适当性和运行的有效性，为政府单位内部控制体系的完善提供建设性意见；二是政府部门负责人要高度重视内部审计在内部控制实施过程中的积极作用，支持内部审计对单位财政资金收支的合法性、资金运用的合理性和效益性发表意见，并根据审计意见进行整改和奖惩，真正发挥内部审计在政府内部控制体系中的内部监督作用。

16.5.2　加强外部监督

政府作为公共受托责任的履行者，其活动目标有时并不是公共利益的最大化，而是部门利益的最大化。本质上而言，政府内部控制的实施动力主要来源于外在动力。所以，外部监督机制对内部控制的顺利实施具有重大意义。政府部门的资金直接来源于财政部门，间接来源于纳税人，财政部门通过对政府部门资金使用方向、用途的监督，处罚其违规行为，促进政府部门合理使用财政资金。同时，国家审计署凭借其拥有的独立地位以及精湛的审计监督技术，理应承担起对政府内部控制的监督与评价职能。审计署通过进一步完善审计公告制度，建立健全质询、问责制度，检查评价政府部门内部的自我监督机制，可以促进政府部门持续改进公共服务能力，更好地履行公共受托责任。

16.5.3　加快政府会计准则建设

政府会计准则建设是保障政府内部控制建设顺利有效实施的基础。政府会计准则在内部控制的建立和实施过程中处于最基础、最重要和最具操作性的地位。国家统一政府会计准则的产生使得政府的财务状况和运营情况的披露更加客观、真实，更具可比性，降低了政府部门与社会公众之间的信息不对称程度。美国审计总署（GAO）于1983年发布联邦政府内部控制准则之后，将加快政府会计准则建设作为内部控制实施的重要配套措施。美国政府会计准则委员会成立之后，陆续制订了适用于各级政府的会计准则，为美国政府内部控制实施奠定了坚实基础。建立一套较为完整的政府会计准则体系，并定期编报政府综合财务报告，已经成为国际上加强政府公共管理、提高财政透明度的重要手段和通行惯例。事实上，高质量的政府会计准则是政府财务报告内部控制的基石，是政府内部控制有效实施不可或缺的制度安排。①

① 本章与黄灿、单铁霞合作，发表于《湖南大学学报（社会科学版）》2014 年第 6 期。

参考文献

[1]（美）Y. 巴泽尔著，费方域、段毅才译：《产权的经济分析》，上海人民出版社、上海三联书店 1997 年版。

[2]（美）阿尔钦、德姆塞茨："生产、信息费用与经济组织"，载（美）科斯、阿尔钦、诺斯等著，刘守英译：《财产权利与制度变迁》，上海人民出版社 2002 年版。

[3]（美）埃里克·弗鲁博顿、（德）鲁道夫·芮切特著，姜建强、罗长远译：《新制度经济学：一个交易费用的分析范式》，上海三联书店、上海人民出版社 2006 年版。

[4]（美）爱德华·卡尼，王光远译：《联邦政府内部控制》，中国时代经济出版社 2009 年版。

[5]（美）查特菲尔德著，文硕等译：《会计思想史》，中国商业出版社 1989 年版。

[6]（美）德姆塞茨："关于产权的理论"，载（美）科斯等著，刘守英译：《财产权利与制度变迁》，上海人民出版社 1994 年版。

[7]（美）德姆塞茨：《所有权、控制与企业——论经济活动的组织》，经济科学出版社 1999 年版。

[8]（美）罗伯特·考特、托马斯·尤伦：《法和经济学》，上海财经大学出版社 2002 年版。

[9]（美）诺思著，杭行译：《制度、制度变迁与经济绩效》，上海人民出版社 2008 年版。

[10]（美）诺斯等著，厉以平等译：《西方世界的兴起》，华夏出版社 1999 年版。

[11]（美）诺斯著，陈郁等译：《经济史中的结构与变迁》，上海三联书

店 1990 年版。

[12]（美）斯密德著，刘璨、吴水荣译：《制度与行为经济学》，中国人民大学出版社 2004 年版。

[13] O·哈特著，费方域译：《企业、合同与财务结构》，上海三联书店、上海人民出版社 2006 年版。

[14] 阿尔钦等："生产、信息费用与经济组织"，转引自陈昕：《财产权利与制度变迁》，上海人民出版社 2002 年版。

[15] 北京市预算会计研究会："关于建立中国政府会计准则的研究报告"，《会计研究》，2006 年第 3 期。

[16] 北京市预算会计研究会《政府会计课题组》："关于建立中国政府会计准则的研究报告"，《会计研究》，2006 年第 3 期。

[17] 财政部：《会计从业资格管理办法（修订后）》，2012 年版。

[18] 财政部预算司：《政府收支分类改革问题解答》，中国财政经济出版社 2006 年版。

[19] 曹越、伍中信："产权保护、公允价值与会计改革"，《会计研究》，2009 年第 2 期。

[20] 曹越、伍中信："现代会计理论的产权基础"，《财经理论与实践》，2011 年第 5 期。

[21] 曹越、张肖飞："产权保护、公共领域与会计制度变迁"，《会计研究》，2013 年第 6 期。

[22] 曹越等："两大法系会计法律制度：架构、特征与适应性效率"，《会计研究》，2014 年第 10 期。

[23] 曹越等："现代会计理论的产权基础"，《财经理论与实践》，2011 年第 5 期。

[24] 常丽："我国政府会计确认基础改进的路径选择及实施环节"，《财政研究》，2009 年第 10 期。

[25] 陈汉文、刘启亮、余劲松："国家、股权结构、诚信与公司治理"，《管理世界》，2005 年第 8 期。

[26] 陈美华："价值理论与公允价值"，《经济问题》，2004 年第 12 期。

[27] 陈胜蓝、魏明海："董事会独立性、盈余稳健性与投资者保护"，《中山大学学报（社会科学版）》，2007 年第 2 期。

[28] 陈穗红等："我国政府会计目标选择"，《财政研究》，2007 年第 7 期。

[29] 陈文华、尚丽霞："浅谈中国会计的起源与发展"，《史学理论研究》，1997 年第 3 期。

[30] 陈小悦、陈璇："政府会计目标及其相关问题的理论探讨"，《会计研究》，2005 年第 11 期。

[31] 陈小悦等："政府会计目标及其相关问题的理论探讨"，《会计研究》，2005 年第 11 期。

[32] 陈裔金："设租与寻租行为的经济学分析"，《经济研究》，1997 年第 4 期。

[33] 陈余友："对我国会计命名起源及其最初含义的考析"，《财贸研究》，1992 年第 1 期。

[34] 陈志斌："公共受托责任：政治效应、经济效率与有效的政府会计"，《会计研究》，2003 年第 6 期。

[35] 陈志斌："政府会计概念框架结构研究"，《会计研究》，2011 年第 1 期。

[36] 成思危："虚拟经济与金融危机"，《管理科学学报》，1999 年第 1 期。

[37] 程谦等：《财政制度变迁与政策选择——基于经济体制转型期的研究》，中国财政经济出版社 2006 年版。

[38] 程晓佳："财政透明度与政府会计改革"，《会计研究》，2004 年第 9 期。

[39] 崔金勋、史安娜："小企业会计准则的制定架构"，《山东社会科学》，2010 年第 3 期。

[40] 崔金勋："小企业会计准则问题探讨"，《中国会计学会 2011 学术年会论文集》。

[41] 崔祥龙："起源、演变及实现：虚拟经济研究"，西南财经大学博士论文，2014 年。

[42] 戴维斯、诺斯："制度变迁的理论：概念与原因"，载（美）科斯、阿尔钦、诺斯著，刘守英译：《财产权利与制度变迁：产权学派与新制度学派译文集》，上海人民出版社 1994 年版。

[43] 丁鑫、荆新："我国政府会计目标的定位"，《财务与会计》，2010年第10期。

[44] 董小红："试论政府治理与政府内部控制"，《财政探索与研究》，2008年第7期。

[45] 段毅才："西方产权理论结构分析"，载盛洪：《现代制度经济学(下卷)》，北京大学出版社2003年版。

[46] 樊纲："公共选择与改革过程"，载盛洪：《现代制度经济学（下卷)》，北京大学出版社2003年版。

[47] 费方域:《企业的产权分析》，上海人民出版社1998年版。

[48] 冯银波："《小企业会计准则》（征求意见稿）中'小企业认定条件'解读"，《财会通讯》，2011年第7期。

[49] 盖地："大同小异：中国企业会计标准与国际会计准则"，《会计研究》，2001年第7期。

[50] 高培勇："公共财政：概念界说与演变脉络"，《经济研究》，2008年第12期。

[51] 葛家澍、杜兴强："财务会计理论：演进、继承与可能的研究问题"，《会计研究》，2009年第12期。

[52] 葛家澍、林志军：《现代西方会计理论》，厦门大学出版社2002年版。

[53] 葛家澍、徐跃："会计计量属性的探讨"，《会计研究》，2006年第9期。

[54] 葛家澍、叶丰滢："论财务报表的改进——着眼于正确处理双重计量模式的矛盾"，《审计研究》，2009年第5期。

[55] 葛家澍："财务会计的本质、特点及其边界"，《会计研究》，2003年第3期。

[56] 葛家澍："创新与趋同相结合的一项准则"，《会计研究》，2006年第3期。

[57] 葛家澍："关于公允价值会计的研究——面向财务会计的本质特征"，《会计研究》，2009年第5期。

[58] 葛家澍："正确认识财务报表的计量"，《会计研究》，2010年第8期。

[59] 葛家澍:《公允价值会计研究》，大连出版社 2011 年版。

[60] 龚翔、许家林:“会计法规变迁与产权保护机制演进”，《会计研究》，2008 年第 10 期。

[61] 顾久炜:“我国中小企业会计准则建设思考”，《中国管理信息化》，2011 年第 18 期。

[62] 郭道晖:《法理学精义》，湖南人民出版社 2005 年版。

[63] 郭道扬:“复式簿记起源历史环境新论”，《会计研究》，2007 年第 12 期。

[64] 郭道扬:“论产权会计观与产权会计变革”，《会计研究》，2004 年第 2 期。

[65] 郭道扬:“论两大法系的会计法律制度体系（续）”，《会计研究》，2002 年第 9 期。

[66] 郭道扬:“论两大法系的会计法律制度体系”，《会计研究》，2002 年第 8 期。

[67] 郭道扬:“论统一会计制度”，《会计研究》，2005 年第 1 期。

[68] 郭道扬:“论中国会计改革三十年”，《会计研究》，2008 年第 11 期。

[69] 郭道扬:“人类会计思想演进的历史起点”，《会计研究》，2009 年第 8 期。

[70] 郭道扬:《产权会计史研究（序）》，中国财政经济出版社 2005 年版。

[71] 郭道扬:《会计史研究（第 1 卷）》，中国财政经济出版社 2004 年版。

[72] 郭道扬:《会计史研究（第 2 卷）》，中国财政经济出版社 2004 年版。

[73] 郭道扬:《会计史研究（第 3 卷）》，中国财政经济出版社 2008 年版。

[74] 郭复初:《财务通论》，立信会计出版社 1997 年版。

[75] 郭复初:《财务通论》，立信会计出版社 1997 年版。

[76] 何勤华:《外国法制史》，北京法律出版社 2006 年版。

[77] 贺建刚、刘峰:“司法体系、会计准则导向与投资者保护：一项案例研究”，《会计研究》，2006 年第 11 期。

[78] 贺敬平等："权责发生制在我国政府财务会计中的应用"，《会计研究》，2011 年第 6 期。

[79] 洪银兴：《市场秩序和规范》，上海人民出版社、上海三联书店 2007 年版。

[80] 胡光志："会计法律制度及其前沿问题探讨"，《现代法学》，2003 年第 3 期。

[81] 胡庭清、谢诗芬："非活跃市场环境下公允价值计量相关问题研究"，《当代财经》，2011 年第 7 期。

[82] 黄少安、王怀震："从潜产权到产权：一种产权起源假说"，《经济理论与经济管理》，2003 年第 8 期。

[83] 黄少安："产权起源探索"，《经济学家》，1995 年第 3 期。

[84] 黄少安：《产权经济学导论》，经济科学出版社 2004 年版。

[85] 纪坡民：《产权与法》，上海三联书店 2001 年版。

[86] 江笑云、孙辉："新会计准则执行效果实证研究结论与启示"，《经济问题探索》，2010 年第 6 期。

[87] 姜国华等："我国会计准则和国际会计准则盈余报告差异及经济后果研究"，《会计研究》，2006 年第 9 期。

[88] 蒋丹丹："浅谈《小企业会计准则》制定若干问题"，《财会通讯》，2011 年第 6 期。

[89] 康均：《产权会计史研究》，中国财政经济出版社 2005 年版。

[90] 科斯、王宁：《变革中国：市场经济的中国之路》，中信出版社 2013 年版。

[91] 雷光勇、崔文娟："现代审计产权论"，《审计与经济研究》，2001 年第 7 期。

[92] 李斌雄、姜向红："中共十八大对反腐倡廉政策的新发展"，《廉政文化研究》，2013 年第 1 期。

[93] 李军林："权利、均衡与制度变迁"，《南开经济研究》，1998 年第 2 期。

[94] 李连军："会计制度变迁与政府治理结构"，《会计研究》，2007 年第 6 期。

[95] 李晓慧："基于多元化目标的政府会计管理范围研究"，《中央财经

大学学报》，2010 年第 5 期。

[96] 李晓慧：“中国政府会计改革：基于 Lùder 政府会计变革模型分析”，《财政研究》，2009 年第 11 期。

[97] 李玉荣：“党的十八大反腐倡廉建设方略的确立”，《首都师范大学学报》，2013 年第 1 期。

[98] 李远鹏、李若山：“是会计盈余稳健性，还是利润操纵？来自中国上市公司的经验证据”，《中国会计与财务研究》，2005 年第 7 期。

[99] 李增泉、卢文彬：“会计盈余的稳健性：发现与启示”，《会计研究》，2003 年第 2 期。

[100] 刘斌、徐先知：“新会计准则国际趋同的效果研究”，《财经论丛》，2010 年第 2 期。

[101] 刘峰：《会计准则变迁》，中国财政经济出版社 2000 年版。

[102] 刘峰等：“会计准则能提高会计信息质量吗”，《会计研究》，2004 年第 5 期。

[103] 刘浩、孙铮：“会计准则的产生与制定权归属的经济学解释”，《会计研究》，2005 年第 12 期。

[104] 刘启亮、陈汉文：“会计制度、二元价值与会计履约范式”，《当代财经》，2010 年第 9 期。

[105] 刘启亮：“会计制度、二元价值与会计履约范式”，《当代财经》，2010 年第 9 期。

[106] 刘伟、李风圣：《产权通论》，北京出版社 1997 年版。

[107] 刘亚平：“构建行政事业单位内部控制体系的思考”，《财经监督》，2010 年第 18 期。

[108] 刘永泽、孙光国：“中小企业会计准则的适用范围界定研究”，《会计研究》，2007 年第 11 期。

[109] 刘永泽、唐大鹏：“关于行政事业单位内部控制的几个问题”，《会计研究》，2013 年第 1 期。

[110] 刘永泽、张亮：“我国政府部门内部控制框架体系的构建研究”，《会计研究》，2012 年第 1 期。

[111] 刘永泽等：“我国企业会计准则国际趋同效果研究”，《大连理工大学学报（社会科学版）》，2012 年第 1 期。

［112］刘永泽等："我国上市公司综合收益信息的价值相关性"，《晋阳学刊》，2012年第4期。

［113］刘玉廷、王宏："美国加强政府部门内部控制建设的有关情况及其启示"，《会计研究》，2008年第3期。

［114］刘玉廷："我国政府会计改革的若干问题"，《会计研究》，2004年第9期。

［115］刘玉廷："中国企业会计准则体系：架构、趋同与等效"，《会计研究》，2007年第3期。

［116］刘云："关于我国会计活动起源的考证"，《会计研究》，2001年第11期。

［117］卢现祥："论产权的起源与国家在产权制度形成中的作用"，《经济理论与经济管理》，1996年第5期。

［118］卢现祥：《西方新制度经济学》，中国发展出版社1996年版。

［119］卢新国："《小企业会计制度》执行情况分析及对策"，《会计研究》，2009年第12期。

［120］路军伟、李建发："政府财务报告模式的反思与重构"，《厦门大学学报》，2010年第6期。

［121］路军伟："我国政府会计改革取向定位与改革路径设计"，《会计研究》，2010年第8期。

［122］罗斌元："非条件稳健性、条件稳健性与企业投资效率"，《中南财经政法大学学报》，2014年第2期。

［123］罗能生、洪联英："人力资本产权优化与公司的动态治理"，《财经理论与实践》，2004年第5期。

［124］罗婷等："解析新会计准则对会计信息价值相关性的影响"，《中国会计评论》，2008年第6期。

［125］马克思、恩格斯：《马克思恩格斯全集》，商务印书馆1979年版。

［126］马永金、黄少安："恩格斯与新制度经济学产权起源观的异同"，《学习与探索》，1999年第4期。

［127］毛新述、戴德明："会计制度变迁与盈余稳健性：一项理论分析"，《会计研究》，2008年第9期。

［128］毛新述、戴德明："会计制度改革、盈余稳健性与盈余管理"，《会

计研究》，2009 年第 12 期。

[129] 倪志良：《公共收支归宿理论与优化我国公共收支的现实选择》，中国财政经济出版社 2007 年版。

[130] 诺斯著，钟正生等译：《理解经济变迁过程》，中国人民大学出版社 2007 年版。

[131] 欧阳爱平、徐俭：“企业会计准则实施后的相关性质量分析”，《北京工商大学学报（社会科学版）》，2009 年第 5 期。

[132] 戚艳霞等：“权责发生制、会计透明度和政府绩效管理”，《财政研究》，2008 年第 5 期。

[133] 漆江娜、罗佳：“会计准则变迁对会计信息价值相关性的影响研究”，《当代财经》，2009 年第 5 期。

[134] 邱玲：“浅议行政事业单位内部控制中的不足及建议”，《管理科学》，2011 年第 11 期。

[135] 沈烈、张西萍：“新会计准则与盈余管理”，《会计研究》，2007 年第 2 期。

[136] 盛洪：“生产性努力的增长”，载盛洪：《现代制度经济学（下卷）》，北京大学出版社 2003 年版。

[137] 施先旺：“产权价值运动：基于会计对象视角的分析”，《会计研究》，2006 年第 6 期。

[138] 司茹：“中小企业会计准则制定思路之选择”，《财会月刊》，2010 年第 12 期。

[139] 孙光国：“中小企业会计准则的制定：目标与模式选择”，《会计研究》，2009 年第 2 期。

[140] 孙雪娇：“会计准则国际趋同效果的影响因素及研究框架探讨”，《现代财经》，2012 年第 2 期。

[141] 唐国琼：“亏损公司会计盈余价值相关性实证研究”，《金融研究》，2008 年第 11 期。

[142] 田高良等：“新企业会计准则对会计信息质量的影响研究”，《当代经济科学》，2010 年第 5 期。

[143] 王光远：“中美政府内部控制发展回顾与评述”，《财会通讯》，2009 年第 12 期。

［144］王建刚、刘庆艳："基于新会计准则的上市公司盈余管理实证研究"，《财贸研究》，2009 年第 2 期。

［145］王建新："基于新会计准则的会计信息价值相关性分析"，《上海立信会计学院学报》，2010 年第 3 期。

［146］王军：《中国转型期公共财政》，人民出版社 2006 年版。

［147］王庆东、常丽："政府财务报告改革导向及其实现机制探索"，《会计研究》，2007 年第 3 期。

［148］王秀敏："浅析小企业会计准则与税法的协调"，《财会月刊》，2011 年第 4 期。

［149］王彦等："政府会计中构建二元结构会计要素的研究"，《会计研究》，2009 年第 4 期。

［150］王仲兵："论企业本质、会计信息产权、会计核心竞争力的逻辑关系"，《北京工商大学学报（社会科学版）》，2005 年第 3 期。

［151］韦森：《社会制序的经济分析导论》，上海三联书店 2011 年版。

［152］吴联生："会计信息失真的'三分法'：理论框架与证据"，《会计研究》，2003 年第 1 期。

［153］吴联生："利益协调与审计制度安排"，《审计研究》，2003 年第 2 期。

［154］吴水澎、刘启亮："会计事项、准则公共领域与会计信息真实性"，《会计研究》，2007 年第 6 期。

［155］伍中信、曹越："产权保护、'三域'秩序与审计信息真实性"，《会计研究》，2007 年第 12 期。

［156］伍中信：《产权与会计》，立信会计出版社 1998 年版。

［157］伍中信：《现代财务经济导论》，立信会计出版社 1999 年版。

［158］伍中信等："产权范式的会计研究：回顾与展望"，《会计研究》，2006 年第 7 期。

［159］夏冬林、李晓强："国际间会计准则和会计信息的差异、协调与制度环境"，《会计研究》，2005 年第 1 期。

［160］夏冬林："受托责任、决策有用性与投资者保护"，《会计研究》，2015 年第 1 期。

［161］肖鹏："基于防范财政风险视角的中国政府会计改革探讨"，《会计

研究》，2010 年第 6 期。

［162］谢德仁：“会计信息的真实性与会计规则制定权合约安排”，《经济研究》，2000 年第 5 期。

［163］谢德仁：《企业剩余索取权：分享安排与剩余计量》，上海人民出版社、上海三联书店 2001 年版。

［164］谢诗芬：“价值计量的现值和公允价值”，《上海立信会计学院学报》，2008 年第 2 期。

［165］谢诗芬：《公允价值：国际会计前沿问题研究》，湖南人民出版社 2004 年版。

［166］徐经长等：“中国会计标准的国际协调”，《会计研究》，2003 年第 12 期。

［167］闫大卫：“个体能力差异在产权起源过程中的作用和意义”，《西安交通大学学报（社会科学版）》，2009 年第 5 期。

［168］阎达五：“马克思的价值学说与会计理论建设”，《会计研究》，1983 年第 1 期。

［169］颜延：“物权法定的会计含义”，《会计研究》，2007 年第 4 期。

［170］杨敏等：“当前国际会计趋同形势和我国 CAS 国际趋同的策略选择”，《会计研究》，2011 年第 10 期。

［171］杨瑞龙、聂辉华：“不完全契约理论：一个综述”，《经济研究》，2006 年第 2 期。

［172］杨时展：“会计信息系统三评说”，《财会通讯》，1992 年第 6 期。

［173］叶龙等：“我国政府会计模式构建过程中主体界定问题初探”，《会计研究》，2006 年第 9 期。

［174］于安：《降低政府规制——经济全球化时代的行政法》，法律出版社 2003 年版。

［175］张琦等：“我国政府会计改革重大理论问题研究”，《会计研究》，2010 年第 8 期。

［176］张琦等：“政府会计改革：问题、对策与建议”，《会计研究》，2009 年第 10 期。

［177］张庆龙、聂兴凯：“政府部门内部控制研究述评与改革建议”，《会计研究》，2011 年第 6 期。

[178] 张庆龙：“政府部门内部控制要素框架的构建”，《中国内部审计》，2012 年第 4 期。

[179] 张荣武、伍中信：“产权保护：现代会计、财务和审计的共同使命”，《财经理论与实践》，2005 年第 6 期。

[180] 张维迎：“市场的逻辑与中国的变革”，《探索与争鸣》，2011 年第 2 期。

[181] 张维迎：《信息、信任与法律》，生活·读书·新知三联书店 2006 年版。

[182] 张雪芬：《政府会计发展与对策》，中国时代经济出版社 2006 年版。

[183] 赵建勇：“中国预算会计体系问题研究”，《财经问题研究》，2001 年第 4 期。

[184] 赵建勇：《中外政府会计规范比较研究》，上海财经大学出版社 1999 年版。

[185] 赵西卜：“对建设我国政府会计准则几个问题的思考”，《财务与会计》，2011 年第 1 期。

[186] 赵西卜等：“政府会计信息有用性及需求情况调查报告”，《会计研究》，2010 年第 9 期。

[187] 周超、易卫华：“制度移植与环境适应”，《管理世界》，2005 年第 12 期。

[188] 周华、戴德明：“会计准则的价值导向与财务会计的目标定位”，《经济管理》，2009 年第 7 期。

[189] 周华等：“财产权利的计量规则与企业利润的可分享性”，《财贸经济》，2008 年第 7 期。

[190] 周华等：“法律制度、金融预期与会计准则”，《中国人民大学学报》，2009 年第 6 期。

[191] 周华等：“会计准则的价值导向与财务会计的目标定位”，《经济管理》，2009 年第 7 期。

[192] 周华等：“会计准则与法律制度的理念分歧”，《社会科学战线》，2009 年第 7 期。

[193] 周华等：“质疑国际财务报告准则的先进性”，《财贸经济》，2010

年第1期。

[194] 周其仁："市场里的企业：一个人力资本与非人力资本的特别合约"，《经济研究》，1996年第6期。

[195] 周守华："关于会计与财富计量问题的思考"，《北京工商大学学报(社会科学版)》，2011年第5期。

[196] 周玮、吴联生："管理层判断对会计稳健性的替代效应"，《会计研究》，2015年第5期。

[197] 朱凯等："会计准则改革、信息准确度与价值相关性"，《管理世界》，2009年第4期。

[198] 庄学敏、罗勇根："公允价值可靠性、相关性与内部控制质量——基于公允价值层级理论的经验研究"，《现代财经》，2014年第12期。

[199] Agrawal A. K., 2013. The Impact of Investor Protection Law on Corporate Policy and Performance: Evidence from the Blue Sky Law. *Journal of Financial Economics*, 107: 417 ~ 435.

[200] Alchian A. A., 1967. Pricing and Society. Occasional Papers, Westminster: Institute of Economic Affairs, 17: 2 ~ 3.

[201] Alchian A. A., Demsetz H., 1973. The Property Right Paradigm. *The Journal of Economic History*, 33: 16 ~ 27.

[202] Anessi-Pessina E et al., 2010. Accounting Innovations: A Contingent View on Italian Local Governments. *Journal of Public Budgeting, Accounting and Financial Management*, 22: 250 ~ 272.

[203] Bakera C R et al., 2010. Disharmony in International Accounting Standards Setting: The Chinese Approach to Accounting for Business Combinations. *Critical Perspectives on Accounting*, 21: 107 ~ 117.

[204] Ball R., Shivakumar L., 2005. Earnings Quality in UK Private Firms: Comparative Loss Recognition Timeliness. *Journal of Accounting and Economics*, 39: 83 ~ 128.

[205] Ball R., Shivakumar L., 2006. The Role of Accruals in Asymmetrically Timely Gain and Loss Recognition. *Journal of Accounting Research*, 44: 207 ~ 242.

[206] Barlev B., Haddad J. R., 2003. Fair Value Accounting and the Management of the Firm. *Critical Perspectives on Accounting*, 14: 383 ~ 415.

[207] Barth M. E. *et al.*, 2001. The Relevance of the Value Relevance Literature for Financial Accounting Standard Setting: Another View. *Journal of Accounting and Economics*, 31: 77 ~ 104.

[208] Barth M. E., Clinch G., 1996. International Accounting Differences and their Relation to Share Prices: Evidence for U. K, Australian and Canada Firms. *Contemporary Accounting Research*, 1: 135 ~ 170.

[209] Barth M., McNichols M., 1994. Estimation and Market Valuation of Environmental Liabilities Relation to Superfund Site. *Journal of Accounting Research*, 2: 45 ~ 67.

[210] Basu S., 1997. The Conservatism Principle and the Asymmetric Timeliness of Earnings. *Journal of Accounting and Economics*, 24: 3 ~ 37.

[211] Beaver W. H., Ryan S. G., 2000. Biases and Lags in Book Value and Their Effects on the Ability of the Book-to-Market Ratio to Predict Book Return on Equity. *Journal of Accounting Research*, 38: 127 ~ 148.

[212] Beaver W. H., Ryan S. G., 2005. Conditional and Unconditional Conservatism: Concepts and Modeling. *Review of Accounting Studies*, 10: 269 ~ 309.

[213] Bengtsson E., 2011. Repoliticalization of Accounting Standard Setting-The IASB, the EU and the Global Financial Crisis. *Critical Perspectives on Accounting*, 22: 567 ~ 580.

[214] Breemer J. D., 2000. The Right to Exclude Others from Private Property: A Fundamental Constitutional Right. *Washington University Journal of Law and Policy*, 3: 39 ~ 59.

[215] Carmona S., Trombetta M., 2008. On the Global Acceptance of IAS/IFRS Accounting Standards: The Logic and Implications of the Principle-based System. *Journal of Accounting and Public Policy*, 6: 455 ~ 461.

[216] Carpenter V. L., Feroz E. H., 2001. Institutional Theory and Accounting Rule Choice: an Analysis of Four US State Governments' Decisions to Adopt Generally Accepted Accounting Principles. *Accounting, Organizations and Society*, 26: 565 ~ 596.

[217] Chand P et al., 2010. Interpretation and Application of "New" and

"Complex" International Financial Reporting Standards in Fiji: Implications for Convergence of Accounting Standards. *Advances in Accounting, Incorporating Advances in International Accounting*, 26: 280 ~289.

[218] Chand P., Patel C., 2008. Convergence and Harmonization of Accounting Standards in the South Pacific Region. *Advances in Accounting, Incorporating Advances in International Accounting*, 24: 83 ~92.

[219] Chand P., White M., 2007. A Critique of the Influence of Globalization and Convergence of Accounting Standards in Fiji. *Critical Perspectives on Accounting*, 18: 605 ~622.

[220] Chatfield M., 1977. A history of accounting thought. *New York: New York Press*, 121 ~156.

[221] Cheng R. H., 1992. An Empirical Analysis of Theories on Factors Influencing State Government Accounting *Disclosure*. *Journal of Accounting and Public Policy*, 11: 1 ~42.

[222] Cheung S., 1983. The Contractual Nature of the Firm. *Journal of Law and Economics*, 26: 20 ~21.

[223] Ching L et al., 2011. The Impact of the New Accounting Standards for Business Enterprises (ASBE) on Financial Results of Mainland Chinese Listed Companies. *Advances in Accounting*, 27: 156 ~165.

[224] Claessens S., Laeven L., 2001. Law, Property Rights, and Growth. *paper prepared for the Third Annual Conference on Financial Market Development in Emerging and Transition Economies*, *Hong Kong*, June: 28 ~30.

[225] Coase R. H., 1937. The nature of the firm. *Economica*, 4: 386 ~405.

[226] Coase R. H., 1960. The problem of social cost. *Journal of Law and Economics*, 3: 1 ~44.

[227] Danbolt J., Rees W., 2008. An Experiment in Fair Value Accounting: UK Investment Vehicles. *European Accounting Review*, 17: 271 ~303.

[228] Demerjian P. R., 2011. Accounting Standards and Debt Covenants: Has the "balance sheet approach" Led to a Decline in the Use of Balance Sheet Covenants. *Journal of Accounting and Economics*, 52: 178 ~202.

[229] Dimitrios et al., 2010. Value Relevance of Accounting Information in

the Pre-and Post-IFRS Accounting Periods. *European Research Studies*, 1: 143 ~153.

[230] Ding Y et al., 2009. Observations on Measuring the Differences between Domestic Accounting Standards and IAS: A Reply Original Research Article. *Journal of Accounting and Public Policy*, 28: 154 ~161.

[231] Duncan J B et al., 1999. Internal Control Systems in US Churches: An Examination of the Effects of Church Size and Denomination on Systems of Internal Control. *Accounting, Auditing and Accountability Journal*, 12: 142 ~164.

[232] Easton P., Harris T., 1991. Earnings as an Explanatory Variable for Returns. *Journal of Accounting Research*, 29: 23 ~45.

[233] Easton P., Harris T., 1992. Earnings as an Explanatory Variable for Returns. *Journal of Accounting Research*, 29: 23 ~45.

[234] Eccher E. A. *et al.*, 1996. Fair Value Disclosures by Bank Holding Companies. *Journal of Accounting and Economics*, 22: 79 ~117.

[235] El-Gazzar et al., 2009. The Value Relevance of Earnings and Nonearnings Information in Regulated and Deregulated Markets: The Case of the Airline Industry. *International Advanced Economics Research*, 15: 88 ~101.

[236] Eucken W., 1952. Grundsätze der Wirtschaftspolitik. Edited by Eucken E. and Hensel K. P.. Tübingen: J. C. B. Mohr, (Paul Siebeck), 58 ~78.

[237] Fontes A et al., 2005. Measuring Convergence of National Accounting Standards with International Financial Reporting Standards. *Accounting Forum*, 29: 415 ~436.

[238] Francis J., Schipper K., 1999. Have Financial Statements Lost Their Relevance? *Journal of Accounting Research*, 3: 319 ~352.

[239] Furubotn E. G., Pejovich S., 1972. Property Rights and Economic Theory: A survey of Recent Literature. *Journal of Economic Literature*, 10: 1137 ~1162.

[240] Gallagher M., Radcliffe V. S., 2002. Internal Controls Nonprofit Organization: The Case of the American Cancer Society, Ohio Division. *Nonprofit Management Leadership*, 12: 313 ~325.

[241] George J. B., 2008. The Shortcomings of Fair-Value Accounting De-

scribed in FAS157. *Journal of Accounting and Public Policy*, 27: 101 ~ 114.

[242] Givoly D., Hayn C., 2000. The Changing Time-series Properties of Earnings, Cash Flows and Accruals: Has Financial Reporting Become More Conservative?. *Journal of Accounting and Economics*, 29: 287 ~ 320.

[243] Grandori A., 2005. Neither Stakeholder nor Shareholder 'Theories': How Property Rights and Contract Theory Can Help in Getting Out of the Dilemma. *Journal of Management and Governance*, 9: 41 ~ 46.

[244] Harris M. S., Muller K., 1999. The Market Valuation of IAS versus US GAAP Accounting Measures Using Form Reconciliations. *Journal of Accounting and Economics*, 26: 285 ~ 312.

[245] Holthausen R. W., Leftwich R. W., 1983. The economic consequences of accounting choice: Implications of Costly Contracting and Monitoring. *Journal of Accounting and Economics*, 5: 77 ~ 117.

[246] Hume D., 1969. A Treatise of Human Nature. Edited by Mossner E. C. London. Penguin, 537 ~ 540.

[247] IASB. 2015. Exposure Draft: Conceptual Framework for Financial Reporting. available at: *http://www.ifrs.org/Pages/default.aspx.*

[248] IFAC., 2001. Governance in the Public Sector, A Governing Body Perspective.

[249] Ijiri Y., 1979. Theory of Accounting Measurement. New York: Harvard University press, 19.

[250] INTOSAI. 2004. Guidelines for Internal Control Standards for the Public Sectors.

[251] Johnson S., McMillan J., Woodruff C., 1999. Property Rights, Finance, and Entrepreneurship. CESifo Working Paper Series, *Working Paper*, 212: 23 ~ 24.

[252] Kara E., 2011. Accounting Recording System on Accrual Basis at Local Authorities in Turkey: An Application in Gaziantep Local Municipality. *International Journal of Business and Social Science*, 2: 23 ~ 34.

[253] Kellogg M., 1984. Accounting Activities, Security Prices, and Class Action Lawsuits. *Journal of Accounting and Economics*, 6: 185 ~ 204.

[254] Khurana I. K., Kim M. S., 2003. Relative Value Relevance of Historical Cost Vs. Fair Value: Evidence from Bank Holding Companies. *Journal of Accounting and Public Policy*, 22: 19 ~ 42.

[255] Kimura S., Ogawa H., 2007. A Mode for the Convergence of Accounting Standards. *Research in Accounting Regulation*, 19: 215 ~ 229.

[256] Kohlbeck M., Warfield T., 2010. Accounting Standard Attributes and Accounting Quality: Discussion and Analysis. *Research in Accounting Regulation*, 22: 59 ~ 70.

[257] Kontorovich E., 2005. The Constitution in two Dimensions: A transaction Cost Analysis of Constitutional Remedies, *Virginia Law Review*, 91: 1135 ~ 1198.

[258] Leggett D. *et al.*, 2015. The Frequency Magnitude and Measurement Subjectivity Associated with Liabilities Reported at Fair Value. *Academy of Accounting and Financial Studies Journal*, 19: 160 ~ 170.

[259] Lennox C., Li B., 2014. Accounting Misstatements Following Lawsuits against Auditors. *Journal of Accounting and Economics*, 57: 58 ~ 75.

[260] Littleton A. C., Accounting evolution to 1900. New York: American Institute Publishing Company. Reprinted by Russell, New York, 1996, 23 ~ 34.

[261] Martens S., Murphy E. A., 2000. Critical Commentary: Government Accounting and the Politics of Fear. *Critical Perspectives on Accounting*, 11: 361 ~ 368.

[262] Merges R. P., 2005. A Transactional View of Property Right. March 10, Available at http://papers.ssrn.com.

[263] Ohlson J. A., 1995. Earnings, Book Values, and Dividends in Equity Valuation. *Contemporary Accounting Research*, 2: 661 ~ 689.

[264] Palmrose Z., 2009. Science, Politics and Accounting: A Review from the Potomac. *The Accounting Review*, 84: 281 ~ 297.

[265] Peng S et al., 2008. Does Convergence of Accounting Standards Lead to the Convergence of Accounting Practices? A Study from China. *The International Journal of Accounting*, 43: 448 ~ 468.

[266] Petrovits C et al., 2011. The Causes and Consequences of Internal Con-

trol Problems in Nonprofit Organizations. *The Accounting Review*, 86: 325 ~ 357.

[267] Plantin G. *et al.*, 2005. Marking to Market, Liquidity and Financial Stability. *Monetary and Economic Studies*, 23: 133 ~ 164.

[268] Posner R A., 1972. The Economic Analysis of Law. Boston and Toronto: Little, Brown.

[269] Posner R. A., 1992. Economic Analysis of Law. New York: Little Brow and Company, 523.

[270] Qu X, Zhang G., 2010. Measuring the Convergence of National Accounting Standards with International Financial Reporting Standards: The Application of Fuzzy Clustering Analysis. *The International Journal of Accounting*, 45: 334 ~ 355.

[271] Rezaee Z et al., 2010. Convergence in Accounting Standards: Insights from Academicians and Practitioners. *Advances in Accounting*, *incorporating Advances in International Accounting*, 26: 142 ~ 154.

[272] Roychowdhury S., Watts R. L., 2007. Asymmetric Timeliness of Earnings, Market-To-Book and Conservatism in Financial Reporting. *Journal of Accounting and Economics*, 44: 2 ~ 31.

[273] Scott W. R., 2003. Financial accounting theory (third edition). Published by arrangement with the original publisher, *Pearson Education Canada*, Inc, 23 ~ 98.

[274] Simon H., 1978. Rationality as Process and as Product of Thought. *American Economic Association Papers and Proceedings*, 68: 1 ~ 16.

[275] Simon H., 1979. 实质性理性到程序理性, 载 Philosophy and Economic Theory, edited by Habon Frank and Hollis Martin. Oxford: Oxford University press. 转引自陶永谊:《旷日持久的论战——经济学的方法论之争》, 陕西人民出版社 1992 年版。

[276] Simon J., McMillan J., Woodruff C. M., 1999. Property Rights, finance and entrepreneurship. CESifo Working Paper, 1 ~ 55.

[277] Skinner D. J., 2011. Discussion of "Accounting Standards and Debt Covenants: Has the 'Balance Sheet Approach' Led to a Decline in the Use of Balance Sheet Covenants?". *Journal of Accounting and Economics*, 52: 203 ~ 208.

[278] Smith C. W., 1993. A perspective on accounting-based debt covenant violations. *The Accounting Review*, 68: 289 ~ 303.

[279] Song et al., 2010. Value Relevance of FAS NO. 157 Fair Value Hierarchy Information and the Impact of Corporate Governance Mechanisms. *The Accounting Review*, 4: 1375 ~ 1410.

[280] Street D., Bryant S., 2000. Disclosure Level and Compliance with IASs: A Comparison of Companies with and without U. S Listings and Filings. *The International Journal of Accounting*, 9: 305 ~ 329.

[281] Tirole J., 1999. Incomplete Contracts: Where do We Stand. *Economitrica*, 67: 741 ~ 781.

[282] Unerman J. *et al.*, 2007. Sustainability accounting and accountability. *London: Routledge*, 5 ~ 19.

[283] Wang et al., 2012. Accounting Standard Changes and Foreign Analyst Behavior: Evidence from China. *China Journal of Accounting Research*, 1: 27 ~ 43.

[284] Watts R. L., 2003, Conservatism in Accounting Part 1: Explanations and Implications. *Accounting Horizons*, 17: 207 ~ 221.

[285] Watts R., Zimmerman J., 1983. Agency problems, auditing and the theory of the firm: some evidence. *Journal of Law and Economics*, 10: 613 ~ 633.

[286] Waymire G. B., 2009. Exchange guidance is the fundamental demand for accounting. *The Accounting Review*, 84: 53 ~ 62.

[287] Xie J., 1996. Accounting research with contracting frictions. *Contemporary Accounting Research*, 13: 423 ~ 433.

[288] Yoon S. W., 2008. An International Study of the Relation between Book-tax Conformity and the Value Relevance of Earnings Components. *Journal of International Business Research*, 72: 31 ~ 57.

[289] Zeff S. A., 1978. The Rise of "Economic Consequences". *Journal of Accountancy*, 6: 56 ~ 63.

[290] Zeghal D., Mhedhbi K., 2006. An Analysis of the Factors Affecting the Adoption of International Accounting Standards by Developing Countries. *The International Journal of Accounting*, 41: 373 ~ 386.